El Currículo Creativo *para* educación preescolar

Guía de enseñanza

Estudio de las pelotas, bolas y balones

Kai-leé Berke, Carol Aghayan, Cate Heroman

TeachingStrategies® · Bethesda, MD

Edición de la versión en inglés: Lydia Paddock, Jayne Lytel
Diseño y diagramación: Jeff Cross, Amy Jackson, Abner Nieves
Traducción al español: Claudia Caicedo Núñez
Edición de la versión en español: Judith F. Wohlberg, Alicia Fontán
Diseño de la portada: Laura Monger Design

Teaching Strategies, LLC.
7101 Wisconsin Avenue, Suite 700
Bethesda, MD 20814

www.TeachingStrategies.com

978-1-60617-410-4

Library of Congress Cataloging-in-Publication Data

Berke, Kai-leé.
    [Creative curriculum for preschool teaching guide featuring the balls study. Spanish]
    El currículo creativo para educación preescolar guía de enseñanza estudio de las pelotas, bolas y balones / Kai-leé Berke, Carol Aghayan, Cate Heroman ; [Spanish translation, Claudia Caicedo Núñez].
       p. cm.
    ISBN 978-1-60617-410-4
    1. Education, Preschool--Activity programs. 2. Education, Preschool--Curricula. 3. Teaching--Aids and devices. 4. Balls (Sporting goods)--Study and teaching (Preschool) I. Aghayan, Carol. II. Heroman, Cate. III. Title.
    LB1140.35.C74B4518 2011
    372.13--dc22
                                2011011333

Los nombres y los logotipos de Teaching Strategies, *The Creative Curriculum* son marcas registradas de Teaching Strategies, LLC, Bethesda, MD. Se ofrecen los nombres de las marcas de productos de otras compañías solamente para propósitos ilustrativos y no se requieren para la implementación del currículo.

2 3 4 5 6 7 8 9 10   20 19 18 17 16 15 14

Impreso y encuadernado en los Estados Unidos

Reconocimientos

Muchas personas contribuyeron a la creación de esta *Guía de enseñanza* y sus instrumentos de apoyo a la enseñanza. Queremos agradecer a Hilary Parrish Nelson por su orientación como directora editorial, a Jo Wilson por ayudarnos pacientemente a mantener el enfoque y a Hilary y Jan Greenberg por la revisión cuidadosa y detallada que hicieron del contenido, lo cual enriqueció el producto final.

Sherrie Rudick, Jan Greenberg y Larry Bram merecen un reconocimiento especial por crear la primera *Colección de literatura infantil* de Teaching Strategies. En conjunto con Q2AMedia, ellos crearon el concepto para cada libro y supervisaron el proceso de desarrollo de principio a fin. Su arduo trabajo, creatividad, paciencia y atención al detalle se hacen evidentes en el producto final.

Agradecemos a la doctora Lea McGee por su dirección, revisión y sugerencias para nuestras *Tarjetas: Hablemos de libros.* Con base en su investigación sobre estrategias de lectura en voz alta, Jan Greenberg y Jessika Wellisch crearon un conjunto de valiosas tarjetas de guía para comentar los libros.

Gracias a Heather Baker, Toni Bickart, y al doctor Steve Sanders por escribir más de 200 *Tarjetas de enseñanza intencional,* alineando cuidadosamente cada secuencia de enseñanza con la progresión del desarrollo correspondiente y asegurándose de que los niños reciban la instrucción individualizada que necesitan para tener éxito al aprender. Le agradecemos a Sue Mistrett por revisar cuidadosamente cada tarjeta y agregar estrategias para incluir a todos los niños.

Traducir *Mega Minutos* al español, asegúrandose de que el texto fuera lingüística y culturalmente apropiado, no fue un trabajo fácil. Gracias a nuestro dedicado equipo de escritores y editores, incluyendo Spanish Educational Publishing, Dawn Terrill, Giuliana Rovedo y Mary Conte.

Gracias a nuestro magnífico equipo editorial: Toni Bickart, Lydia Paddock, Jayne Lytel, Diane Silver, Heather Schmitt, Heather Baker, Judy Wohlberg, Dawn Terrill, Giuliana Rovedo, Victory Productions, Elizabeth Tadlock, Reneé Fendrich, Kristyn Oldendorf y Celine Tobal, quienes revisaron, refinaron, cuestionaron y algunas veces reescribieron nuestro material, mejorando cada página que corrigieron.

Gracias a nuestro equipo de servicios gráficos por crear un diseño atractivo y accesible para nuestro contenido. Apreciamos profundamente la visión creativa de Margot Ziperman, Abner Nieves, Jeff Cross y Amy Jackson.

El Latino Advisory Committee merece nuestro gran aprecio por hacernos reflexionar continuamente en las formas de apoyar a los niños de habla hispana y por guiarnos a través del proceso del desarrollo. Gracias a la doctora Dina Castro, la doctora Linda Espinosa, Antonia Lopez, la doctora Lisa Lopez y la doctora Patton Tabors.

Queremos reconocer a Lilian Katz y Sylvia Chard por su estimulante trabajo sobre el tratamiento de proyectos, el cual enriqueció nuestras ideas sobre un currículo de calidad para niños pequeños.

Lo más importante de todo es que nada de esto habría sido posible sin la dirección visionaria de Diane Trister Dodge. Su hábil liderazgo y su dedicación a los niños pequeños y a sus familias es la fuente de inspiración de todo lo que hacemos en Teaching Strategies.

Contenido

Para comenzar

3 ¿Por qué investigar las pelotas, bolas y balones?

4 Red de investigaciones

6 Carta a las familias

Inicio del estudio

10 Presentación del tema

11 Preparación para las Experiencias sorprendentes

12 Exploración del tema
(Días 1 a 5)

Investigación del tema

26 Investigación 1: ¿Todas las pelotas, bolas y balones rebotan?
(Días 1 a 3)

34 Investigación 2: ¿Todas las pelotas, bolas y balones ruedan?
(Días 1 a 3)

42 Investigación 3: ¿Qué hace mover las pelotas, bolas y balones?
(Días 1 a 2)

48 Investigación 4: ¿Quién usa las pelotas, bolas y balones?
(Días 1 a 5)

60 Investigación 5: ¿De qué están hechos?
(Días 1 a 5)

72 Preguntas adicionales para investigar

74 Nuestra investigación

Celebración de lo aprendido

81 Finalización del estudio

82 Celebración de lo aprendido
(Días 1 a 2)

88 Para reflexionar acerca del estudio

Recursos

90 Información para los maestros

92 Libros de literatura infantil

93 Recursos para los maestros

94 Plan semanal

Para comenzar

¿Por qué investigar las pelotas, bolas y balones?

A los niños les encantan las pelotas, bolas y balones. Ellos juegan de distintas maneras, los lanzan, atrapan, patean y hacen rodar con un aparente placer infinito. Los niños aprenden que la fuerza de gravedad y la fricción afectan el movimiento y disfrutan haciendo que las bolitas, canicas y otros objetos rodantes cambien de dirección y velocidad. El encanto universal y perdurable de las pelotas, bolas y balones se hace evidente en los juegos tradicionales e inventados por los niños.

En este estudio se muestra cómo aprovechar el interés de los niños en las pelotas, bolas y balones para ayudarles a explorar conceptos de los estudios sociales y la ciencia relacionados con las características y la naturaleza de distintas pelotas, bolas y balones, y para que usen sus destrezas de lectoescritura, matemáticas, tecnología y las artes mientras investigan.

> **¿Cómo manifiestan los niños su interés en las pelotas, bolas y balones? ¿Qué dicen acerca de ellos?**

Red de investigaciones

En la *Guía de enseñanza: Estudio de las pelotas, bolas y balones* se incluyen cinco investigaciones a través de las cuales los niños exploran las pelotas, bolas y balones que les fascinan. En estas investigaciones se incorporan actividades adentro y al aire libre, relacionadas con las propiedades físicas —por qué rebotan, ruedan y se mueven— mediante las cuales los niños tienen oportunidades de cooperar unos con otros.

Algunas investigaciones incluyen demostraciones de su uso en los deportes y el ejercicio realizado por parientes y amigos y también una visita a un sitio. Además, en cada investigación se exploran importantes conceptos de la ciencia y los estudios sociales y se fortalecen destrezas de lectoescritura, matemáticas, tecnología y las artes. Amplíe esta red agregando sus propias ideas.

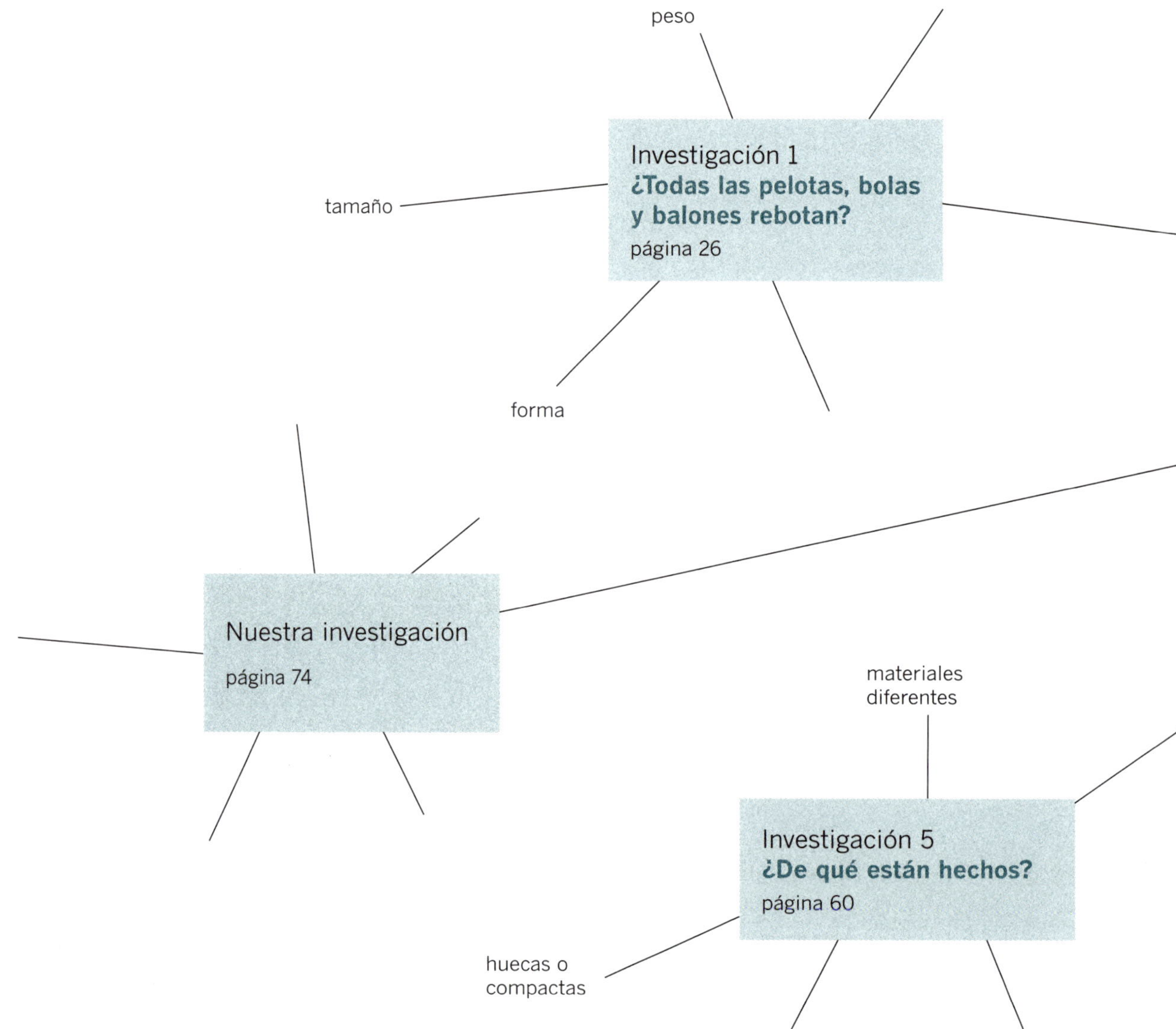

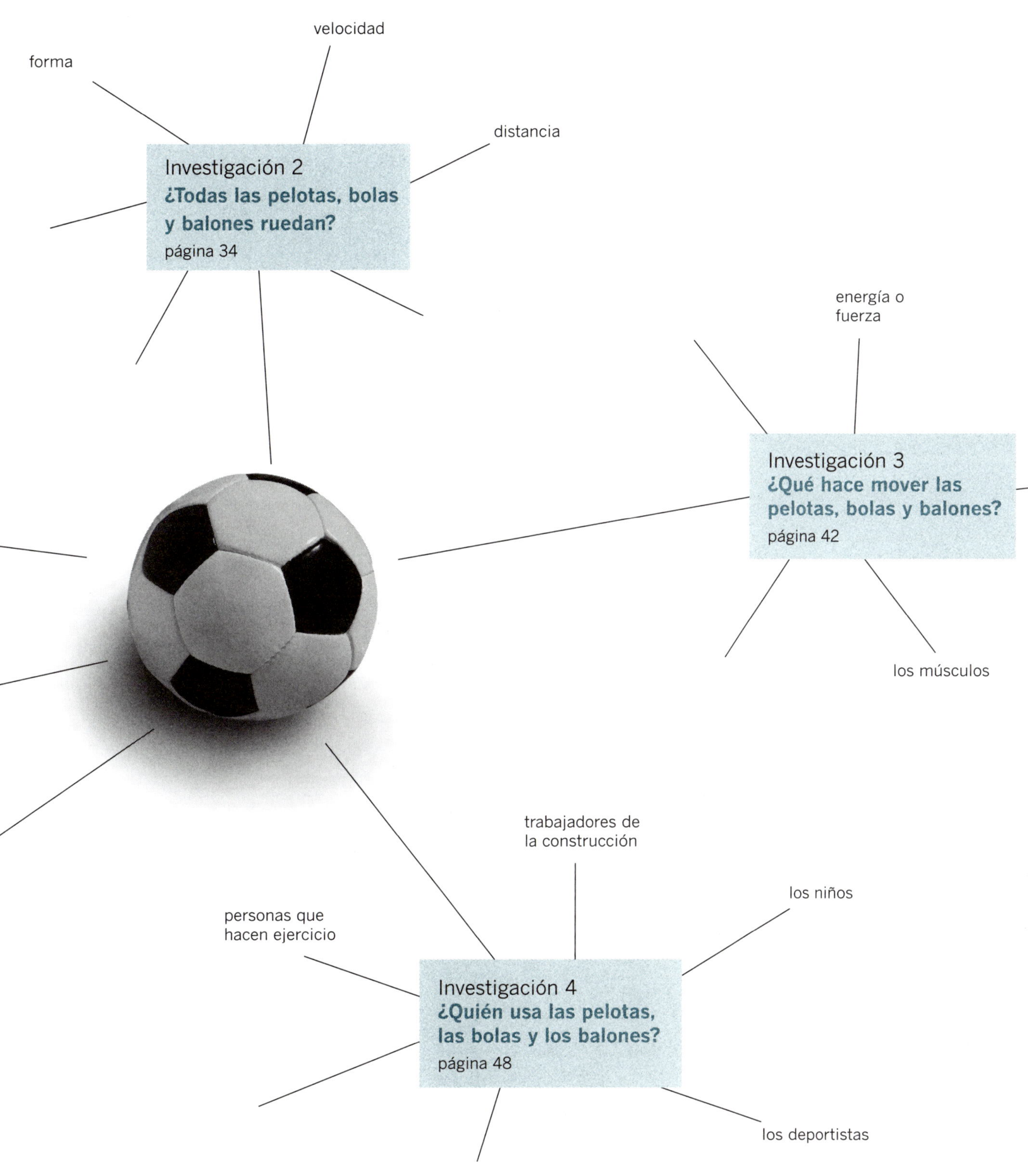
forma

velocidad

distancia

Investigación 2
¿Todas las pelotas, bolas
y balones ruedan?
página 34

energía o
fuerza

Investigación 3
¿Qué hace mover las
pelotas, bolas y balones?
página 42

los músculos

trabajadores de
la construcción

los niños

personas que
hacen ejercicio

Investigación 4
¿Quién usa las pelotas,
las bolas y los balones?
página 48

los deportistas

Carta a las familias

Envíe una carta a las familias para informarles sobre el estudio. Use la carta para comunicarse y como una oportunidad para invitarles a participar.

Apreciadas familias:

Nosotros hemos notado que los niños tienen gran interés en las pelotas, bolas y balones. Ellos sienten curiosidad por las distintas clases, cómo son usados, de qué están hechos, qué tienen adentro y qué tan alto pueden rebotar. Por eso creemos que un estudio de las pelotas, bolas y balones puede ser interesante.

Para poder realizar nuestro estudio, necesitamos su ayuda para reunir una colección de pelotas, bolas y balones con el fin de investigarlos. Si pueden colaborar, a continuación, les ofrecemos algunas sugerencias, pero siéntanse libres de enviar cualquier tipo que no esté incluido en la lista. Los cuidaremos bien y se los devolveremos al fin del estudio.

balón de baloncesto, balón de fútbol, balón de voleibol, bola de billar, bola de bolos, bola de	ping-pong, bolita (mota) de algodón, bolitas de cristal, canicas, globos, pelota de béisbol, pelota	de golf, pelota de playa, pelota de tenis, pelota Koosh®, pelota WIFFLE®, pelotas para mascotas

A medida que estudiemos las pelotas, bolas y balones, se aprenderán conceptos y se desarrollarán destrezas en lectoescritura, matemáticas, ciencia, estudios sociales, tecnología y las artes. Al mismo tiempo desarrollaremos destrezas de razonamiento investigando, haciendo preguntas, resolviendo problemas, haciendo predicciones y comprobando nuestras ideas.

Qué se puede hacer en el hogar

Pasen tiempo con su niño jugando con pelotas, bolas y balones de todas las formas, tipos y tamaños, como pelotas para jugar en el patio, bolas de tenis, bolas de ping-pong, pelotas Koosh®, balones de voleibol, pelotas de béisbol, balones de fútbol y canicas. Hablen sobre el material con que están hechas, si son pesadas o livianas o si son grandes o pequeñas.

Piensen en voz alta para estimular el pensamiento de los niños. Por ejemplo, ustedes podrían decir, "Me pregunto qué tiene adentro una pelota de tenis. Me pregunto qué tan lejos podemos lanzar una bola de papel de aluminio, una pelota de playa o una pelota de tenis. ¿Cómo podemos averiguarlo?"

Al jugar con pelotas, bolas y balones, ayuden a su niño a usar todos los sentidos. Ustedes podrían preguntar, "¿A qué se parece? ¿Cómo se siente? ¿Cómo suena? ¿A qué huele?"

Vean cuántos tipos de pelotas, bolas y balones pueden encontrar en casa y en el vecindario.

Busquen ejemplos de pelotas a su alrededor mientras viajen en el auto, el autobús o el tren.

Al finalizar nuestro estudio, tendremos un evento especial para celebrar lo aprendido. De antemano, les agradecemos su participación y su importante rol en nuestro aprendizaje.

A Letter to Families

Send families a letter introducing the study. Use the letter to communicate with families and as an opportunity to invite them to participate in the study.

Dear Families,

We have noticed that the children are very interested in balls. They're curious about different kinds of balls, how people use balls, what they are made of, what is inside them, and how high they can bounce. We think balls will make an interesting study.

If you can, we would like your help in gathering a collection of balls to investigate. We'll need many different types of balls. Here's a list of suggestions, but you may also send in balls that are not on the list. We'll take good care of them so we can return them to you at the end of the study.

baseball, basketball, beach ball, bowling ball, cotton ball, crystal ball, doggie	ball, football, golf ball, kickball, Koosh® ball, marble, ping-pong ball, pool (billiard) ball,	racquetball, soccer ball, tennis ball, volleyball, WIFFLE® ball

As we study balls, we will learn concepts and skills in literacy, math, science, social studies, the arts, and technology. We'll also be using thinking skills to investigate, ask questions, solve problems, make predictions, and test our ideas.

What You Can Do at Home

Spend time with your child, playing with balls of all shapes, types, and sizes, such as playground balls, tennis balls, ping-pong balls, Koosh® balls, volleyballs, baseballs, footballs, and marbles. Talk about what the balls are made of, whether they are heavy or light, and whether they are big or little.

Wonder aloud with your child to encourage his or her thinking about balls. For example, you might ask, "I wonder what's inside a tennis ball. I wonder how far you can throw a foil ball, a beach ball, or a tennis ball. How can we find out?"

Help your child use all of his or her senses when playing with balls. You might ask, "What does it look like? Feel like? Sound like? Smell like?"

See how many types of balls you can find around the house and in your neighborhood.

Play a game while riding in the car, bus, or train. Think of all the words that contain the word *ball* in them. Look for examples of balls around you.

At the end of our study, we'll have a special event to show you what we've learned. Thank you for playing an important role in our learning.

Inicio del estudio

Presentación del tema

Comience el estudio explorando el tema con los niños para responder a las siguientes preguntas: ¿Qué sabemos acerca de las pelotas, bolas y balones? ¿Qué queremos averiguar?

Comience reuniendo varios tipos de pelotas, bolas y balones que vayan a usar a lo largo del estudio. Pida a los niños, a sus familias y amigos que le ayuden a crear la colección. Al comienzo de esta *Guía de enseñanza*, hemos incluido una muestra de una carta a las familias.

A medida que vaya reuniendo la colección, fomente la curiosidad de los niños en las pelotas, bolas y balones. Piense en cómo almacenar y exhibir la colección. Ponga las pelotas, bolas y balones a disposición de los niños para que puedan tocarlos y explorarlos. Es probable que en su salón de clase y en su área de juego al aire libre ya tenga algunas pelotas, bolas y balones pero piense en cómo abrir espacio en su salón cuando la colección comience a crecer. Usted podría usar canastas para la ropa o una piscina portátil de plástico para guardar la colección. Como los niños se van a interesar en esta creciente colección, asegúrese de que puedan verla con facilidad.

Niños que aprenden una segunda lengua
Preste especial atención a la manera en que los niños que aún no hablan la segunda lengua con fluidez, juegan con las pelotas, bolas y balones. Así usted podrá hacerles preguntas en relación a sus acciones. "Estás haciendo rodar distintas pelotas por la rampa. ¿Qué haría que rueden más rápido?". Incluya el nombre del niño en sus observaciones para que se sienta incluido.

A continuación, le sugerimos distintas clases de pelotas, bolas y balones para reunir:

balón de baloncesto
balón de fútbol
balón de voleibol
bola (madeja) de
 lana o cuerda
bola de billar
bola de bolos
bola de ping-pong
bolas decorativas u
 ornamentos esféricos
bolita (mota) de algodón
bolitas de cristal
canicas
cuenta
globo
pelota de béisbol
pelota de golf
pelota de playa
pelota de tenis
pelota Koosh®
pelota Magic 8®
pelota WIFFLE®
pelotas para mascotas

Preparación para las Experiencias sorprendentes

En las páginas de "Un vistazo" hallará una lista de Experiencias sorprendentes para las cuales se requiere planificación anticipada.

Exploración del tema	Día 5: Visita de los parientes para jugar a la pelota con los niños al aire libre
Investigación 3	Día 1: Visita de un pariente que juega un deporte
Investigación 4	Día 2: Visita a una tienda de artículos deportivos
	Día 3: Visitante con una pelota de ejercicio
	Día 4: Visita de un pariente o de una persona mayor de la comunidad
	Día 5: Visitante con una mascota que juegue a la pelota
Celebración de lo aprendido	Día 2: Celebración del estudio de pelotas, bolas y balones

Exploración del tema

¿Qué sabemos acerca de las pelotas, bolas y balones?

	Día 1	Día 2	Día 3
Áreas de interés	**Biblioteca:** libros acerca de las pelotas, bolas y balones **Computadoras:** la versión electrónica de *La gallinita roja*	**Juguetes y juegos:** pelotas, bolas y balones **Computadoras:** la versión electrónica de *Pelotas, bolas y balones*	**Juguetes y juegos:** recipientes para organizar la colección
Pregunta del día	¿Con qué pelota, bola o balón prefieren jugar?	¿Esa pelota es más grande o más pequeña que esta (pelota pequeña)?	¿Esa pelota es más grande o más pequeña que esta (pelota grande)?
Todo el grupo	**Juego:** ¿Qué hay dentro de la caja? **Comentarios y escritura compartida:** Distintas pelotas, bolas y balones **Materiales:** Mega Minutos 31, "¿Qué hay dentro de la caja?"; caja; pelotas, bolas y balones	**Canción:** "Pantalones rojos" **Comentarios y escritura compartida:** Intercambiar pelotas **Materiales:** una pelota pequeña para comparar; Mega Minutos 03, "Pantalones rojos"	**Juego:** ¿Qué hay dentro de la caja? **Comentarios y escritura compartida:** ¿Qué podemos hacer con las pelotas, bolas y balones? **Materiales:** una pelota grande para comparar; caja con tapa; pelota pequeña (que no se use en deportes); 3–4 pelotas diferentes; Mega Minutos 31, "¿Qué hay dentro de la caja?"
Lectura en voz alta	*La gallinita roja* Hablemos de Libros 05 (primera lectura en voz alta)	*Pelotas, bolas y balones*	*La gallinita roja* Hablemos de Libros 05 (segunda lectura en voz alta)
Grupos pequeños	**Opción 1: Trabalenguas** Enseñanza Intencional LL16, "Trabalenguas" **Opción 2: Clasificar sonidos** Enseñanza Intencional LL12, "Clasificar sonidos"; objetos cuyo nombre comience con la letra *B*; bolsa o caja para guardar los objetos	**Opción 1: Comparar y describir pelotas, bolas y balones** Enseñanza Intencional LL01, "Escritura compartida"; pelotas, bolas y balones **Opción 2: Características en palabras e imágenes** Enseñanza Intencional LL01, "Escritura compartida"; cámara digital; pelotas, bolas y balones	**Opción 1: Sonia salta** Enseñanza Intencional LL19, "Nombres graciosos"; pliego de papel grande; tiras de papel escritas **Opción 2: Sonia salta y Daniel danza** Enseñanza Intencional LL19, "Nombres graciosos"; pliego de papel grande; tiras de papel escritas; cámara digital
Mega Minutos	Mega Minutos 15, "Tin, marín, de do pingüe"	Mega Minutos 32, "Seguir la línea"	Mega Minutos 74, "Tin marín"

¿Qué queremos averiguar?

Día 4	Día 5	Dedique tiempo para…
Juguetes y juegos: canastas o cajas para organizar la colección **Computadoras:** la versión electrónica de *Pelotas, bolas y balones*	**Juguetes y juegos:** caja con tapa; colección interesante de pelotas pequeñas **Computadoras:** la versión electrónica de *La gallinita roja*	### Experiencias al aire libre **Una variedad de pelotas, bolas y balones** • Lleve diversas pelotas, bolas y balones al aire libre para que los niños jueguen con ellos y los exploren. • El día 5 de la investigación, invite a los parientes a venir y a jugar a la pelota con los niños.
¿En este tarro hay más de 10 bolas o menos de 10 bolas?	¿Cuántas veces pueden hacer rebotar esta pelota?	### Colaboración con las familias • Envíe una carta a las familias para describir el estudio e invitarles a participar. • Invite a los parientes de los niños a que vengan a jugar a la pelota con los niños durante el período de juego al aire libre. • Sugiera a las familias que lean y discutan con sus niños las versiones electrónicas de *La gallinita roja* y *Pelotas, bolas y balones*
Canción: "Tengo un amiguito" **Comentarios y escritura compartida:** ¿Qué sabemos acerca de las pelotas, bolas y balones? **Materiales:** Mega Minutos 40, "Tengo un amiguito"; pelotas, bolas y balones; CD u otro disco plano	**Movimiento:** Hacer rebotar una pelota **Comentarios y escritura compartida:** ¿Qué queremos averiguar?	### Experiencias sorprendentes • Día 5: Visita de los parientes para jugar a la pelota con los niños al aire libre
Pelotas, bolas y balones	*La gallinita roja* Hablemos de Libros 05 (tercera lectura en voz alta)	
Opción 1: ¿Puedes adivinar? Enseñanza Intencional M17, "Tarro para adivinar"; tarro grande de plástico; colección de pelotas **Opción 2: ¿Cuál tiene más?** Enseñanza Intencional M19, "¿Cuál tiene más?"; bolsas sellables; cubetas de hielo o cajas de huevos; objetos pequeños de tamaño similar	**Opción 1: Contar la colección** Enseñanza Intencional M06, "Llevar la cuenta"; colección de pelotas; tablilla sujeta-papeles; papel; lápices o crayones **Opción 2: Hacer rebotar y contar** Enseñanza Intencional M18, "Hacer rebotar y contar"; varias pelotas que reboten; tarjetas de números	
Mega Minutos 47, "¡Un paso adelante!"	Mega Minutos 33, "Arriba y abajo"	

Exploración del tema

¿Qué sabemos acerca de las pelotas, bolas y balones? ¿Qué queremos averiguar?

Vocabulario

Español: *examinar*

Inglés: *examine*

Consulte vocabulario adicional en Hablemos de Libros 05, *La gallinita roja (The Little Red Hen)*.

Todo el grupo

Rutina inicial

- Canten una bienvenida y hablen de quiénes están presentes.

> Consulte Enseñanza Intencional SE02, "¡Mira quién está aquí!" para obtener ideas para la planilla de asistencia.

> Para obtener más información e ideas acerca de cómo planear su rutina inicial, consulte *Para comenzar el año*. Establecer una rutina ayuda a que los niños sepan lo que se espera de ellos, lo cual es especialmente útil para aquellos que están aprendiendo una segunda lengua. Una rutina ayuda a los niños a sentirse a gusto y a tomar parte en las actividades diarias.

Juego: ¿Qué hay dentro de la caja?

- Repase Mega Minutos 31, "¿Qué hay dentro de la caja?" Siga la orientación ofrecida en la tarjeta.
- Use una pelota como el objeto para colocar dentro de la caja.

Comentarios y escritura compartida: Distintas pelotas, bolas y balones

- Muestre a los niños varios tipos de pelotas, bolas y balones. Páselos y anime a los niños a examinarlos para ver cómo parecen y cómo sienten.
- Pida a los niños que los describan.
- Escriba las ideas ofrecidas.
- Explique, "Esta semana vamos a estudiar una colección de pelotas, bolas y balones y a decir lo que pensamos acerca de la colección. Miremos la pregunta del día y veamos con qué tipo de pelota prefieren jugar". (La pregunta del día se encuentra en el cuadro de "Un vistazo")

Antes de hacer la transición a las áreas de interés, describa los libros sobre pelotas, bolas y balones, disponibles en el área de biblioteca, y mencione cómo podrían usarlos.

Niños que aprenden una segunda lengua
Si es posible, incluya libros escritos en la lengua que se habla en los hogares de los niños. Si no tiene ninguno disponible, invite a parientes a hacer libros acerca de pelotas, bolas y balones en sus propios idiomas.

Hora de escoger	Al interactuar con los niños en las áreas de interés, dedique tiempo a: • Leer con ellos en el área de biblioteca libros acerca de pelotas, bolas y balones. Preste atención a lo que les interese.	• Escribir lo que digan y hagan.
Lectura en voz alta	Lea el libro *La gallinita roja*. • Use Hablemos de Libros 05, *La gallinita roja*, y siga la orientación ofrecida en la tarjeta para realizar la primera lectura en voz alta.	• Diga a los niños que el libro estará disponible en la computadora.

Grupos pequeños	**Opción 1: Trabalenguas** • Consulte Enseñanza Intencional LL16, "Trabalenguas". • Siga la orientación ofrecida en la tarjeta usando el siguiente trabalenguas: *Poquito a poquito, Pepito empaqueta bonitas bolitas en este paquete.*	**Opción 2: Clasificar sonidos** • Consulte Enseñanza Intencional LL12, "Clasificar sonidos". • Siga la orientación ofrecida en la tarjeta usando objetos cuyos nombres comiencen con la letra *b*. **Al hablar de los sonidos iniciales de las palabras, incluya los nombres de los niños en la actividad, p. ej., "*Benjamín* y *balón* comienzan con el sonido /b/".**

Mega Minutos	• Use Mega Minutos 15, "Tin, marín de do pingüé". Siga la orientación ofrecida en la tarjeta.	

Reunión final	• Recuerde los eventos del día. • Anime a los niños que hayan mirado libros de pelotas, bolas y balones durante la hora de escoger actividades a hablar con el grupo de lo que aprendieron o disfrutaron de los libros. • Invítelos a traer al día siguiente alguna pelota que deseen agregarle a la colección.	**Cuando invite a los niños a que traigan algo o a que hagan algo especial para un estudio, asegúrese de informar a las familias. Déjeles una nota en la hoja de registro, infórmeles a la hora de irse a casa o envíe una carta a los hogares.**

Exploración del tema

¿Qué sabemos acerca de las pelotas, bolas y balones?
¿Qué queremos averiguar?

Vocabulario

Español: *palabra compuesta*

Inglés: *compound word*

Todo el grupo

Rutina inicial

- Canten una bienvenida y hablen de quiénes están presentes.

Canción: "Pantalones rojos"

- Repase Mega Minutos 03, "Pantalones rojos". Siga la orientación ofrecida en la tarjeta.

- Adapte la canción a la clase de pelotas que los niños hayan traído. Cante por ejemplo, "Mi amiga Diana, mi amiga Diana, trajo un balón muy grande".

> **Agregar palabras a una canción conocida ayuda a los niños a aprender canciones nuevas con facilidad.**

Comentarios y escritura compartida: Intercambiar pelotas

- Invite a los niños a que hablen de las pelotas, bolas y balones que trajeron a la escuela. Hable de la pregunta del día mientras los niños muestran e intercambian los distintos tipos.

- Escriba los nombres de las pelotas, bolas y balones en un papel grande.

- Señale las palabras compuestas mientras las escribe. Diga, "La palabra *baloncesto* está compuesta de dos palabras que se escriben juntas, por eso se llama palabra *compuesta*".

Niños que aprenden una segunda lengua
Cuando explique las palabras compuestas en español, use gestos. Por ejemplo, al explicar la palabra *baloncesto*, señale un balón y un cesto. Esta técnica es útil para que todos los niños aprendan que las palabras compuestas contienen dos palabras.

Antes de hacer la transición a las áreas de interés, hable de la colección de pelotas, bolas y balones, disponible en el área de juguetes y juegos, y mencione cómo podrían usarla.

Hora de escoger

Al interactuar con los niños en las áreas de interés, dedique tiempo a:

- Hablar con los niños mientras exploran la colección.

- Escribir las ideas que tengan y las preguntas que formulen. Usted podrá agregarlas a las listas tituladas "Qué sabemos acerca de las pelotas, bolas y balones" y "Qué queremos averiguar" que hará durante los próximos días.

Lectura en voz alta

Lea el libro *Pelotas, bolas y balones*.

- **Antes de leer**, mencione el título del libro. Pregunte, "¿De qué creen que se trata este libro?"

- **Mientras lee**, déles suficiente tiempo para hablar de las ilustraciones.

- **Después de leer**, pregunte, "¿Algunas de las pelotas del libro se parecen a las que vimos esta mañana? ¿Cuáles?" Diga a los niños que el libro estará disponible en la computadora.

Grupos pequeños

Opción 1: Comparar y describir pelotas, bolas y balones

- Consulte Enseñanza Intencional LL01, "Escritura compartida".

- Siga la orientación ofrecida en la tarjeta usando la colección de pelotas, bolas y balones.

- Invite a cada niño a seleccionar una pelota de la colección.

- Pídale que la sostenga y describa sus características.

- Anime a los niños a hablar de la textura, el tamaño, el peso, etc. de las pelotas que eligieron.

- Mientras los niños describen las pelotas, bolas y balones, pregunte, "¿En qué se diferencia esta pelota de la última que vimos? ¿En qué se parecen?"

> Guarde las listas hechas en el periodo de grupos pequeños para usar el día 4 de la investigación.

Opción 2: Características en palabras e imágenes

- Consulte Enseñanza Intencional LL01, "Escritura compartida".

- Siga la orientación ofrecida en la tarjeta usando la colección de pelotas, bolas y balones (como en la opción 1), pero tome una foto digital de cada niño mientras sostiene la pelota seleccionada.

- Imprima las fotos y péguelas al lado de la descripción que le haya dictado cada uno de la pelota elegida.

Mega Minutos

- Use Mega Minutos 32, "Seguir la línea".

- Señale que una pelota tiene una superficie curva. Siga la orientación ofrecida en la tarjeta.

Reunión final

- Recuerde los eventos del día.

- Pida a los niños que hayan participado en el periodo en grupos pequeños que recuerden lo dicho acerca de las pelotas que seleccionaron.

- Pídales que traigan otra pelota al día siguiente para contribuir a la colección.

> La memoria de reconocimiento da a los niños la sensación de familiaridad cuando encuentran de nuevo algo que habían experimentado previamente. Por ejemplo, un niño reconoce un libro que ya le han leído. La *memoria retentiva* es una destreza más difícil ya que los niños deben recordar algo que no está presente, p. ej., que jugaron con sus padres el fin de semana.

Exploración del tema

¿Qué sabemos acerca de las pelotas, bolas y balones? ¿Qué queremos averiguar?

Vocabulario

Español: *organizar*

Inglés: *organize*

Consulte vocabulario adicional en Hablemos de Libros 05, *La gallinita roja (The Little Red Hen)*.

Todo el grupo

Rutina inicial

- Canten una bienvenida y hablen de quiénes están presentes.

Juego: ¿Qué hay dentro de la caja?

- Repase Mega Minutos 31, "¿Qué hay dentro de la caja?" Siga la orientación ofrecida en la tarjeta.

- Para esta actividad, use una pelota o una bola que no se use en algún deporte, p. ej., una cuenta o una mota de algodón.

Niños que aprenden una segunda lengua
Mientras demuestra lo que se puede hacer con las pelotas, bolas y balones explique lo que hace. A los niños que están aprendiendo una segunda lengua, les beneficiará esta combinación de usar el lenguaje mientras se realizan acciones.

Comentarios y escritura compartida: ¿Qué podemos hacer con las pelotas, bolas y balones?

- Pregunte, "¿Qué podemos hacer con las pelotas, bolas y balones?" Muéstreles a los niños unos cuantos ejemplos para comenzar.

- Escriba las respuestas de los niños en una lista titulada, "¿Qué sabemos acerca de pelotas, bolas y balones?"

Antes de hacer la transición a las áreas de interés, hable de la creciente colección disponible en el área de juguetes y juegos y diga, "Hoy necesito que me ayuden a pensar cómo podemos *organizar* la colección de pelotas, bolas y balones durante la hora de escoger actividades".

Hora de escoger

Al interactuar con los niños en las áreas de interés, dedique tiempo a:

- Preguntar, "¿Qué tipos de pelotas, bolas y balones tenemos aquí?"
- Preguntar, "¿Cómo podemos organizarlos?" Si necesitan ayuda, pregunte, "¿En qué se parecen? ¿En qué se diferencian? ¿Cómo se pueden usar?"

- Animar a los niños a separar las pelotas, bolas y balones según categorías.
- Recordar la pregunta del día y animarlos a clasificar las pelotas, bolas y balones según el tamaño.
- Escribir lo que digan y hagan.

Proporcione tablillas con sujetapapeles y lápices. Anime a los niños a dibujar las pelotas que más les gustan mientras exploran la colección.

Lectura en voz alta

Lea el libro *La gallinita roja*.

- Use Hablemos de Libros 05, *La gallinita roja*, y siga la orientación ofrecida en la tarjeta para realizar la segunda lectura en voz alta.

Grupos pequeños

Opción 1: Sonia salta

- Consulte Enseñanza Intencional LL19, "Nombres graciosos", y siga la orientación ofrecida en la tarjeta.

Opción 2: Sonia salta y Daniel danza

- Consulte Enseñanza Intencional LL19, "Nombres graciosos", y siga la orientación ofrecida en la tarjeta.
- Pida a cada niño que diga algo que le guste hacer que comience con el mismo sonido de su nombre, p. ej., "A Sonia le gusta saltar".

- Tome una foto de cada niño realizando la acción. Imprima las fotos y exhíbalas con una oración que las describa, p. ej., "A Daniel le gusta danzar".

La aliteración es la repetición de los sonidos iniciales de dos o más palabras o sílabas cercanas. Una parte importante del conocimiento fonológico es aprender a distinguir las palabras que comienzan con el mismo sonido, como la /d/ en *Daniel danza*.

Mega Minutos

- Use Mega Minutos 74, "Tin marín".

- Usando como orientación el reverso de la tarjeta, describa la caja o la pelota imaginaria antes de hacer la rima.

Reunión final

- Recuerde los eventos del día.
- Invite a los niños que clasificaron la colección de pelotas durante la hora de escoger actividades a describir cómo organizaron las pelotas, bolas y balones.

¿Qué sabemos acerca de las pelotas, bolas y balones?
¿Qué queremos averiguar?

Vocabulario

Español: *calcular, esfera*

Inglés: *estimate, sphere*

Todo el grupo

Rutina inicial

- Canten una bienvenida y hablen de quiénes están presentes.

Canción: "Tengo un amiguito"

- Repase Mega Minutos 40, "Tengo un amiguito", y siga la orientación ofrecida en la tarjeta.

> Cuando los niños dividen el lenguaje en unidades cada vez más pequeñas —oraciones, palabras, sílabas y sonidos— ellos desarrollan la conciencia fonológica. Este juego de aplaudir ayuda a que los niños desarrollen el conocimiento de las sílabas de una manera divertida.

Comentarios y escritura compartida: ¿Qué sabemos acerca de las pelotas, bolas y balones?

- Diga, "Vamos a escribir lo que sepamos de las pelotas, bolas y balones para recordarlo".

- Escriba las ideas ofrecidas por los niños en la lista titulada "¿Qué sabemos acerca de las pelotas, bolas y balones?" iniciada el día 3.

- Si es necesario, use pelotas reales para estimular los comentarios de lo que ya saben los niños.

- Comience recordando algo de lo que hayan dicho al comienzo de esa semana, p. ej., "Jonathan dijo que podemos comer unas pelotas y Julia dijo que la pelota de playa y el balón de baloncesto son redondos".

- Sostenga una pelota y un disco compacto u otro disco plano. Pregunte a los niños en qué se parecen y se diferencian. Describa una pelota usando las palabras *esfera y esférico*.

Antes de hacer la transición a las áreas de interés, hable de la colección de pelotas, bolas y balones, disponible en el área de juguetes y juegos, y recuerde las distintas maneras en que los clasificaron el día anterior.

Hora de escoger

Al interactuar con los niños en las áreas de interés, dedique tiempo a:

- Animarlos a pensar en maneras de organizar y exhibir la colección según categorías. Dependiendo de los tipos de pelotas, bolas y balones de su colección algunas de las categorías podrían incluir pelotas para jugar, bolas usadas como herramientas o en máquinas, bolas usadas para decorar, bolas que se pueden encontrar en la naturaleza o bolas comestibles. Pida a los niños que hagan letreros para las categorías elegidas.

Lectura en voz alta

Lea el libro *Pelotas, bolas y balones.*

- **Antes de leer**, pregunte, "¿Quién recuerda de qué se trata este libro?"

- **Mientras lee**, asocie las pelotas, bolas y balones del libro con los que tengan en la colección de la clase.

- **Después de leer**, anime a los niños a encontrar un compañero y a buscar por el salón de clase una de las pelotas ilustradas en el libro. Diga a los niños que la versión electrónica estará disponible en la computadora.

Proporcionar oportunidades de que los niños trabajen en pareja en los juegos y actividades, les ayuda a desarrollar relaciones positivas con los compañeros, y a practicar destrezas de cooperación y de comunicación. Las relaciones de cooperación fortalecen los vínculos de la comunidad del salón de clase.

Niños que aprenden una segunda lengua
Al comienzo del año, cuando los niños que están aprendiendo una segunda lengua podrían sentirse incómodos participando, póngalos a trabajar en parejas con los que ya la hablan. Además de sentirse incluidos, tener compañeros que hablan la lengua les ayuda a aquellos que están aprendiéndola a adquirir mayores destrezas orales cuando están en pareja con un compañero que habla esa lengua con fluidez.

Grupos pequeños

Opción 1: ¿Puedes adivinar?

- Consulte Enseñanza Intencional M17, "Tarro para adivinar", y siga la orientación ofrecida en la tarjeta usando el tarro que usó al hacer la pregunta del día.

Opción 2: ¿Cuál tiene más?

- Revise los cálculos hechos por los niños durante la actividad realizada con el tarro para adivinar al principio del día.

- Consulte Enseñanza Intencional M19, "¿Cuál tiene más?", y siga la orientación ofrecida en la tarjeta.

Cuando ofrezca experiencias en las cuales los niños deban calcular, comience con números cercanos a lo que ellos puedan contar. Por ejemplo, ofrezca a los niños de 3 años colecciones de 5-10 objetos y a los niños de 4 y 5 años colecciones de 10-30 objetos.

Mega Minutos

- Repase Mega Minutos 47, "¡Un paso adelante!", y siga la orientación ofrecida en la tarjeta.

- Use el cuadro que hizo durante el periodo en grupos pequeños, en el día 2 de esta investigación.

Reunión final

- Recuerde los eventos del día.

- Invite a los niños que hayan colaborado organizando la colección de pelotas, bolas y balones a que hablen de las categorías que eligieron.

¿Qué sabemos acerca de las pelotas, bolas y balones? ¿Qué queremos averiguar?

Vocabulario

Español: *esfera, llevar la cuenta*

Inglés: *sphere, tally*

Consulte vocabulario adicional en Hablemos de Libros 05, *La gallinita roja (The Little Red Hen)*.

Todo el grupo

Rutina inicial

- Canten una bienvenida y hablen de quiénes están presentes.

Movimiento: Hacer rebotar una pelota

- Anime a los niños a hacer de cuenta que están haciendo rebotar pelotas con las manos.

- Háganla rebotar bajo, alto, rápido y lento.

> **Al realizar una actividad de movimiento durante el periodo con todo el grupo es importante finalizar con un movimiento *lento* o *calmado*. Esto ayuda a que los niños controlen su comportamiento y a que se tranquilicen después de una experiencia activa.**

Comentarios y escritura compartida: ¿Qué queremos averiguar acerca de las pelotas, bolas y balones?

- Ponga la lista titulada "¿Qué sabemos acerca de las pelotas, bolas y balones?" cerca del área para reunirse con todo el grupo para así poder hablar sobre ella con frecuencia.

- Diga, "Ya sabemos mucho acerca de las pelotas, bolas y balones. Ahora pensemos en lo que queremos *averiguar*".

- Prepare una lista y titúlela, "¿Qué queremos averiguar?"

- Demuestre el proceso de hacer preguntas. Usted podría mostrarles una pelota de playa grande y una pelota pequeña y pesada y preguntarse en voz alta acerca del peso. También podría mostrarles una pelota que esté desinflada y preguntarse en voz alta qué le ocurrió.

- Escriba las preguntas en la lista del parque infantil.

- Ayude a los niños a formular preguntas y a expandir su vocabulario. Por ejemplo, si alguien dice, "Yo creo que debemos hacer una pelota grande", usted podría decir, "Tú crees que debemos hacer pelotas, o sea que debemos averiguar cómo hacerlas. Voy a escribir, "¿Cómo se hacen las pelotas? ¿Quién las hace?"

- Recuerde la conversación del día anterior acerca de las *esferas*. Pregúntese en voz alta, "¿Todas las pelotas son esferas?"

- Mencione que algunos parientes vendrán a jugar con ellos al aire libre.

Antes de hacer la transición a las áreas de interés, hable del juego "¿Qué hay dentro de la caja?", disponible en el área de juguetes y juegos. Pregunte, "¿Cómo jugamos este juego con todo el grupo al principio de esta semana?"

Hora de escoger

Al interactuar con los niños en las áreas de interés, dedique tiempo a:

- Observar a los niños mientras juegan "¿Qué hay dentro de la caja?". Preste atención al vocabulario que usen. ¿Usan distintos adjetivos para describir los objetos en la caja?

- Ampliar sus descripciones usando vocabulario más rico. "Miguel, tienes razón, esa pelota es rugosa. Tiene una textura muy peculiar".

> **Tener un vocabulario amplio está estrechamente relacionado al éxito posterior en la lectura. Cuando los niños aprenden nuevas palabras mediante las experiencias en las cuales participan, son más dados a recordar esas palabras y a usarlas.**

Lectura en voz alta

Lea el libro *La gallinita roja.*

- Use Hablemos de Libros 05, *La gallinita roja,* y siga la orientación ofrecida en la tarjeta para realizar la tercera lectura en voz alta.

- Diga a los niños que el libro estará disponible en la computadora.

Grupos pequeños

Opción 1: Contar la colección

- Repase la pregunta del día y hable del número de rebotes. Diga, "Hemos contado las veces que rebotó la pelota. Ahora vamos a contar las pelotas, bolas y balones de nuestra colección".

- Consulte Enseñanza Intencional M06, "Llevar la cuenta".

- Siga la orientación ofrecida en la tarjeta para contar las pelotas, bolas y balones de la colección.

Opción 2: Hacer rebotar y contar

- Hable de la pregunta del día.

- Consulte Enseñanza Intencional M18, "Hacer rebotar y contar", y siga la orientación ofrecida en la tarjeta.

Mega Minutos

- Use Mega Minutos 33, "Arriba y abajo". Siga la orientación ofrecida en la tarjeta.

Reunión final

- Recuerde los eventos del día.

- Escriba una nota de agradecimiento del grupo a los parientes que hayan venido a la clase a jugar al aire libre con pelotas, bolas y balones.

Investigación del tema

Introducción

Usted ya ha comenzado a escribir listas con las ideas y preguntas de los niños acerca de las pelotas, bolas y balones. Al poner en práctica el estudio, usted desarrollará investigaciones que ayudan a expandir las ideas, encontrar respuestas a preguntas, aprender conceptos y desarrollar destrezas importantes. En esta sección se incluyen planes diarios para investigar las preguntas hechas por los niños. Sin embargo, no se limite a estas sugerencias. Úselas como fuente de inspiración para diseñar experiencias adaptadas a su propio grupo y a los recursos de su escuela y su comunidad. Aunque es importante responder a las ideas de los niños y seguir sus sugerencias a medida que evoluciona su pensamiento, también es importante que usted organice el estudio y considere distintas posibilidades. Revise las páginas tituladas "Un vistazo" donde encontrará sugerencias de Experiencias sorprendentes. Estos eventos requieren ser planeados por anticipado.

Investigación 1

¿Todas las pelotas, bolas y balones rebotan?

	Día 1	Día 2
Áreas de interés	**Juguetes y juegos:** bandejas para clasificar; bolas pequeñas distintas **Computadoras:** la versión electrónica de *Los tres cabritos*	**Juguetes y juegos:** bandejas para clasificar, bolas pequeñas distintas
Pregunta del día	¿Ustedes creen que todas las pelotas rebotan?	¿Su cabeza es más grande o más pequeña que esta pelota?
Todo el grupo	**Movimiento:** La pelota imaginaria **Comentarios y escritura compartida:** ¿Qué pelotas rebotarán? **Materiales:** Mega Minutos 41, "La pelota imaginaria"; pelotas, bolas y balones; tarjetas de números; cámara digital; *Pelota, pelota*	**Movimiento:** La pelota imaginaria **Comentarios y escritura compartida:** La altura y la capacidad de rebotar **Materiales:** Mega Minutos 15, "Tin, marín de do pingüé"; pelotas, bolas y balones
Lectura en voz alta	*Los tres cabritos* Hablemos de Libros 06 (primera lectura en voz alta)	*¡A rebotar!*
Grupos pequeños	**Opción 1: Rimas** Enseñanza Intencional LL10, "Lista de rimas"; un poema o una canción con palabras que rimen; un accesorio que ilustre el poema o la canción **Opción 2: Rimas con animales** Enseñanza Intencional LL14, "A mi burro le duele…"; imágenes de animales conocidos; una grabadora	**Opción 1: La longitud y la anchura** Enseñanza Intencional M25, "La longitud y la anchura"; cinta del mismo ancho cortada en largos diferentes **Opción 2: ¿Qué tan grueso es?** Enseñanza Intencional M62, "¿Qué tan grueso es?"; varios objetos circulares; una madeja de lana o cuerda; tijeras
Mega Minutos	Mega Minutos 30, "¡Bailemos juntos!"	Mega Minutos 33, "Arriba y abajo"; dos objetos cuyos nombres comiencen con el mismo sonido; un objeto conocido de dos o tres dimensiones

Juguetes y juegos: agregue esferas y círculos para clasificar

Computadoras: la versión electrónica de
Los tres cabritos

¿Las pelotas pesadas rebotan?

Canción: "Tengo un amiguito"

Comentarios y escritura compartida: El peso y la capacidad de rebotar

Materiales: Mega Minutos 40, "Tengo un amiguito"; pelotas, bolas y balones

Los tres cabritos
Hablemos de Libros 06
(segunda lectura en voz alta)

Opción 1: Letras, letras y más letras

Enseñanza Intencional LL07, "Letras, letras y más letras"; sellos de caucho del alfabeto; almohadillas de tinta de color; papel de construcción

Opción 2: Tesoros escondidos

Enseñanza Intencional LL21, "Tesoros escondidos"; letras magnéticas; imán grande; regla; cinta de enmascarar; mesa de arena con arena

Mega Minutos 37, "La pelota"; pelota

Experiencias al aire libre

Pelotas que rebotan

- Compruebe al aire libre qué pelotas rebotan más alto. Anime a los niños a hacer predicciones y comprobarlas.

- Anime a los niños a usar distintas superficies, p. ej., rocas, arena, pasto, concreto.

- Si es posible, pida a los niños que pongan a prueba las pelotas dejándolas caer desde distintas alturas, p. ej., el deslizador, las escaleras y el escalador.

Ejercicio divertido

- Use Enseñanza Intencional P05, "Lanzar fuerte y lejos", y siga la orientación ofrecida en la tarjeta.

Colaboración con las familias

- Envíe una nota a las familias para animarlas a hablar con los niños acerca de los juegos de pelota preferidos en su infancia.

¿Todas las pelotas, bolas y balones rebotan?

Vocabulario

Consulte vocabulario en Hablemos de Libros 06, *Los tres cabritos* (*The Three Billy Goats Gruff*).

Todo el grupo

Rutina inicial

- Canten una bienvenida y hablen de quiénes están presentes.

Movimiento: La pelota imaginaria

- Lea *Pelota, pelota*.

- Repase Mega Minutos 41, "La pelota imaginaria". Siga la orientación ofrecida en la tarjeta, usando la variación de las tarjetas de números.

> **Un concepto importante en las experiencias de movimiento es *la conciencia corporal*. Esta actividad ayuda a que los niños exploren lo que pueden hacer con el cuerpo.**

Comentarios y escritura compartida: ¿Qué pelotas rebotarán?

- Reúna la colección de pelotas, bolas y balones.

- Pregunte, "¿Todas las pelotas, bolas y balones rebotan? Me pregunto cuáles rebotan mejor. Vamos a averiguarlo".

- Sostenga cada pelota y pregunte, "¿Creen que esta pelota rebotará bien?"

- Escriba las predicciones hechas por los niños acerca de qué pelotas rebotarán y forme dos grupos: las pelotas que creen que van a rebotar y las que creen que no van a rebotar. Permita que cada niño compruebe la predicción que haya hecho. Asegúrese de incluir algunas pelotas que no reboten y otras que no reboten bien, p. ej., una bola de algodón, una naranja o un balón de fútbol americano. Después de poner a prueba cada pelota, bola y balón pida a los niños que los clasifiquen otra vez. (Ellos podrían proponer más de dos categorías.) Tome fotos de los niños comprobando sus predicciones y de los grupos de pelotas clasificadas. Dirija la atención al balón de fútbol americano y pregúntese en voz alta por qué no rebotó como las otras. Vuelva a usar el término *esfera* para describir las pelotas e indique que el balón de fútbol americano no es una esfera.

- Diga, "Me pregunto qué pelotas rebotarán más alto y por qué algunas rebotan más alto que otras. Podemos tratar de averiguarlo hoy y mañana cuando salgamos al aire libre".

Antes de hacer la transición a las áreas de interés, hable de las bandejas para clasificar y de la colección de bolas pequeñas, disponibles en el área de juguetes y juegos, y mencione cómo podrían usarlas.

Hora de escoger

Al interactuar con los niños en las áreas de interés, dedique tiempo a:

- Observarlos mientras clasifican las pelotas, bolas y balones en el área de juguetes y juegos.

> **En lugar de elogiar a los niños diciendo "Buen trabajo", déles ánimo explicando exactamente qué es lo que están haciendo correctamente y merece ser destacado. Para más información sobre este tema, consulte Enseñanza Intencional SE18, "Dar ánimo".**

- Describir lo que les vea hacer, p. ej., "Colocaste en esta sección todas las pelotas lisas y en esta otra todas las pelotas rugosas".

- Preguntar, "¿Pueden pensar en otra manera de clasificar las pelotas, bolas y balones?"

- Escribir lo que digan y hagan los niños.

Lectura en voz alta

Lea el libro *Los tres cabritos.*

- Use Hablemos de Libros 06, *Los tres cabritos,* y siga la orientación ofrecida en la tarjeta para realizar la primera lectura en voz alta.

- Diga a los niños que el libro estará disponible en la computadora.

Niños que aprenden una segunda lengua
Después de leer, relate de nuevo el cuento incorporando gestos. Señale las ilustraciones u objetos del salón. Esta estrategia ayuda a que los niños entiendan el cuento y aprendan vocabulario nuevo.

Grupos pequeños

Opción 1: Rimas

- Consulte Enseñanza Intencional LL10, "Lista de rimas".

- Siga la orientación ofrecida en la tarjeta usando las palabras *pelota, bola o balón.*

Opción 2: Rimas con animales

- Consulte Enseñanza Intencional LL14, "A mi burro le duele…", y siga la orientación ofrecida en la tarjeta.

> **Para obtener más información sobre cómo apoyar el desarrollo del conocimiento fonológico, consulte el *Volumen 5: Objetivos para el desarrollo y el aprendizaje.***

Mega Minutos

- Use Mega Minutos 30, "¡Bailemos juntos!". Siga la orientación ofrecida en la tarjeta.

Reunión final

- Recuerde los eventos del día.

- Muestre la lista de rimas que haya hecho durante el periodo en grupos pequeños. Invite a los niños a recordar palabras que riman.

Investigación 1

¿Todas las pelotas, bolas y balones rebotan?

Vocabulario

Español: *circunferencia, longitud, más corto, más largo*

Inglés: *circumference, length, shorter, longer*

Todo el grupo

Rutina inicial

- Canten una bienvenida y hablen de quiénes están presentes.

Movimiento: La pelota imaginaria

- Repase Mega Minutos 15, "Tin, marín de do pingüe". Siga la orientación ofrecida en la tarjeta.

Comentarios y escritura compartida: La altura y la capacidad de rebotar

- Hable sobre la pregunta del día.

- Recuerde brevemente la experiencia del día anterior con pelotas que rebotan realizada con todo el grupo. Muestre fotos de la experiencia y de los grupos creados por los niños.

- Examine el balón de fútbol americano y compárelo con una esfera. Ayude a los niños a pensar por qué no rebota bien. Ayúdeles a formular conclusiones basadas en sus experiencias, p. ej., "Algunas de las pelotas que rebotan son grandes y otras son pequeñas. ¿El tamaño de la pelota nos indica si rebota?" Escriba las ideas ofrecidas.

- Permita que un niño se pare sobre una silla baja y deje caer una pelota mientras que otro niño, de pie, deja caer la misma pelota, p. ej., un balón de baloncesto. Pregunte, "¿Qué notaron acerca de las pelotas? ¿Cuál rebotó más? ¿Cuál rebotó más alto? ¿Por qué?"

- Repita la actividad con otros tipos de pelotas, bolas y balones.

- Anime a los niños a hacer predicciones y a formular conclusiones acerca de la altura y la capacidad de rebotar. Escriba las ideas ofrecidas.

A medida que los niños hagan predicciones, las comprueben y formulen conclusiones basados en sus exploraciones, no es importante enseñarles la respuesta correcta sino ayudarlos a pensar, hacer preguntas e investigar conceptos interesantes usando objetos conocidos.

Antes de hacer la transición a las áreas de interés, hable de las bandejas para clasificar y las colecciones de pelotas pequeñas disponibles en el área de juguetes y juegos y mencione cómo podrían usarlas.

Niños que aprenden una segunda lengua
Incluya algunas preguntas que puedan ser respondidas al unísono con un gesto o con una o dos palabras para que los niños que están aprendiendo una segunda lengua puedan participar. Por ejemplo, al sostener y mostrar cada objeto, pregunte, "¿Cuál es plano, este disco compacto o este balón?"

Hora de escoger

Al interactuar con los niños en las áreas de interés, dedique tiempo a:

- Observarlos mientras clasifican pelotas, bolas y balones en el área de juguetes y juegos.

- Preguntarles, "¿Cómo los clasificaron?"

- Animarlos a clasificar la colección según dos o más características, p. ej., "Veo que hicieron un grupo de pelotas lisas. ¿Ese grupo se puede clasificar de otra manera? Por ejemplo, ¿pelotas lisas que rebotan y pelotas lisas que no rebotan?"

- Escribir lo que digan y hagan los niños.

Lectura en voz alta

Lea el libro *¡A rebotar!*.

- **Antes de leer**, diga el título del libro y muestre la cubierta. Pregunte, "¿Qué creen que hará el perro en este cuento?"

- **Mientras lee**, haga pausas para hablar de lo que el perro está haciendo en las ilustraciones.

- **Después de leer**, invite a los niños a saltar como algunos de los animales del cuento, p. ej., el conejo, la rana, las abejas y el hipopótamo.

Grupos pequeños

Opción 1: La longitud y la anchura

- Consulte Enseñanza Intencional M25, "La longitud y la anchura", y siga la orientación ofrecida en la tarjeta.

Opción 2: ¿Qué tan grueso es?

- Consulte Enseñanza Intencional M62, "¿Qué tan grueso es?", y siga la orientación ofrecida en la tarjeta.

Mega Minutos

- Use Mega Minutos 33, "Arriba y abajo".

- Siga la orientación ofrecida en la tarjeta, usando la variación de la aliteración.

Reunión final

- Recuerde los eventos del día.

- Invite a los niños que hayan usado las bandejas para clasificar en el área de juguetes y juegos a decirle al grupo cómo clasificaron las pelotas pequeñas.

¿Todas las pelotas, bolas y balones rebotan?

Vocabulario

Español: *esfera*

Inglés: *sphere*

Consulte vocabulario adicional en Hablemos de Libros 06, *Los tres cabritos* (*The Three Billy Goats Gruff*).

Todo el grupo

Rutina inicial

- Canten una bienvenida y hablen de quiénes están presentes.

Canción: "Tengo un amiguito"

- Repase Mega Minutos 40, "Tengo un amiguito". Siga la orientación ofrecida en la tarjeta.

Comentarios y escritura compartida: El peso y la capacidad de rebotar

- Reúna varias pelotas pesadas y livianas.

- Invite a cada niño a sostener una pelota y a describir su peso.

- Anime a los niños a predecir si esa pelota puede rebotar.

- Compruebe las predicciones y escriba los resultados. Repita la experiencia usando varias pelotas pesadas y livianas. Relacione la experiencia con la pregunta del día.

- Ayude a los niños a formular conclusiones acerca de cómo el peso de la pelota afecta su capacidad de rebotar.

Antes de hacer la transición a las áreas de interés hable de los nuevos objetos para clasificar, disponibles en el área de juguetes y juegos, y mencione cómo podrían usarlos.

Hora de escoger

Al interactuar con los niños en las áreas de interés, dedique tiempo a:

- Escuchar cómo describen las pelotas (esferas) y los círculos en el área de juguetes y juegos.

- Mostrar una esfera y un círculo de la colección de objetos y pregunte, "¿Pueden decirme en qué se parecen estos dos objetos? ¿En qué se diferencian?"

- Escribir las respuestas ofrecidas.

- Usar la palabra *esfera* al describir las pelotas, bolas y balones redondos.

> **La palabra *no* es esencial en el proceso de razonamiento. Las destrezas de clasificación incluyen no solo lo que un objeto *es* sino también lo que *no es*. Use la palabra *no* en las conversaciones diarias para ayudar a los niños a desarrollar las destrezas de razonamiento, p. ej., "Estas son esferas y estas *no* son esferas".**

Lectura en voz alta	Lea el libro *Los tres cabritos.* • Use Hablemos de Libros 06, *Los tres cabritos,* y siga la orientación ofrecida en la tarjeta para realizar la segunda lectura en voz alta.

Grupos pequeños	**Opción 1: Letras, letras y más letras** • Consulte Enseñanza Intencional LL07, "Letras, letras y más letras", y siga la orientación ofrecida en la tarjeta.	**Opción 2: Tesoros escondidos** • Consulte Enseñanza Intencional LL21, "Tesoros escondidos", y siga la orientación ofrecida en la tarjeta.

Mega Minutos	• Use Mega Minutos 37, "La pelota". Siga la orientación ofrecida en la tarjeta.

Reunión final	• Recuerde los eventos del día. • Invite a los niños que hayan clasificado círculos y esferas en el área de juguetes y juegos a hablar de lo que hayan notado acerca de los distintos objetos.	• Anime a los niños a describir las diferencias entre un objeto plano, p. ej., un disco compacto, y una esfera.

Investigación 2

¿Todas las pelotas, bolas y balones ruedan?

	Día 1	Día 2
Áreas de interés	**Descubrimientos:** canasta con 10-20 pelotas pequeñas de la misma clase, p. ej., de golf; una balanza pequeña	**Bloques:** rampas y pelotas **Computadoras:** la versión electrónica de *Los tres cabritos* Enseñanza Intencional SE14, "Jugar juntos"
Pregunta del día	¿Todas las pelotas, bolas y balones ruedan?	¿Creen que se puede hacer rodar una tortilla?
Todo el grupo	**Poema:** "La pelota" **Comentarios y escritura compartida:** ¿Todas las pelotas, bolas y balones ruedan? **Materiales:** Mega Minutos 37, "La pelota"; colección de pelotas, bolas y balones	**Poema:** "Ven a jugar" **Comentarios y escritura compartida:** ¿Circular como una tortilla o esférico como una bola? **Materiales:** Mega Minutos 42, "Ven a jugar"; plastilina o arcilla; varios objetos circulares planos
Lectura en voz alta	*¡A rebotar!*	*Los tres cabritos* Hablemos de Libros 06 (tercera lectura en voz alta)
Grupos pequeños	**Opción 1: A rodar** Enseñanza Intencional M06, "Llevar la cuenta"; una rampa; colección de pelotas; cuerpos geométricos de distintas formas; objetos circulares planos; tablilla sujetapapeles; papel; lápices o crayones **Opción 2: Rampa para rodar** Enseñanza Intencional M02, "Contar y comparar"; rampa; colección de pelotas; cuerpos geométricos de distintas formas; discos planos; cartulina; marcador	**Opción 1: ¿En cuál figura estoy pensando?** Enseñanza Intencional M20, "¿En cuál figura estoy pensando?"; cuerpos geométricos; recipientes vacíos que tengan la forma de los cuerpos geométricos **Opción 2: Hacer figuras** Enseñanza Intencional M42, "Hacer figuras"; cuerpos geométricos; popotes de varias longitudes; limpia-pipas; papel; lápices o crayones
Mega Minutos	Mega Minutos 12, "Pico, pico, Mandorico"; colección de pelotas, bolas y balones	Mega Minutos 43, "Rebota, pelota"

<table>
<tr><td>

Día 3

Bloques: rampas y pelotas

Computadoras: la versión electrónica del libro, *Los tres cerditos*

Enseñanza Intencional SE03, "Un lugar para tranquilizarse"

¿Pueden encontrar algo en nuestro salón que sea una esfera?

Juego: Veo, veo… (búsqueda de esferas/círculos)

Comentarios y escritura compartida: La altura y las pelotas que ruedan

Materiales: Mega Minutos 19, "Veo, veo con mis binóculos"; colección de pelotas; rampa baja

Los tres cerditos

Opción 1: Lo impreso en el entorno

Enseñanza Intencional LL23, "Jugar con lo impreso"; variedad de material impreso del entorno; fotos de señales del tránsito y de letreros de tiendas, etc.

Opción 2: Bolsi-libros

Enseñanza Intencional LL20, "Bolsi-libros"; 6-8 bolsas sellables por cada libro; material impreso del entorno; papel de construcción; tijeras; engrapadora; cinta de color adhesiva

Mega Minutos 28, "Contar ejercicios"

</td><td>

Dedique tiempo para…

Experiencias al aire libre

Hacer rodar el cuerpo

- Anime a los niños a hacer rodar sus cuerpos en un área con césped, en una superficie suave o en una colchoneta de gimnasia.

Ejercicio divertido

- Consulte Enseñanza Intencional P07, "Atrapar globos", y siga la orientación ofrecida en la tarjeta.

Colaboración con las familias

- Invite a un pariente que juegue algún deporte a visitar la clase durante la Investigación 3, "¿Qué hace mover las pelotas, bolas y balones?"

- Sugiera a las familias que lean y discutan con sus niños las versiones electrónicas de *Los tres cabritos* y *Los tres cerditos*.

</td></tr>
</table>

¿Todas las pelotas, bolas y balones ruedan?

Vocabulario

Español: *energía, fuerza, gravedad, mercado, sombra*
Inglés: *energy, force, gravity, market, shade*

Todo el grupo

Rutina inicial

- Canten una bienvenida y hablen de quiénes están presentes.

Poema: "La pelota"

- Repase Mega Minutos 37, "La pelota", y siga la orientación ofrecida en la tarjeta. Anime a los niños a hacerse rebotar y rodar como si fueran pelotas a la vez que usted diga las palabras.

**Comentarios y escritura compartida:
¿Todas las pelotas, bolas y balones ruedan?**

- Haga notar a los niños que acaban de hacer rodar sus cuerpos.

- Hable de la lista titulada "Lo que sabemos acerca de las pelotas, bolas y balones". Si alguien había dicho, "Las pelotas ruedan", recuérdeselo a los niños. Si no, describa una ocasión en que haya visto rodar una pelota.

- Pregunte, "¿Cómo hicimos rodar nuestros cuerpos? ¿Por qué las pelotas ruedan?" Ayude a los niños a notar que para rodar un objeto se necesita algún tipo de *fuerza*,

tal como la *fuerza* de sus músculos.

- Repase la pregunta del día.

- Tenga varios tipos de pelotas disponibles para que los niños las comparen e incluya algunas que *no* rueden. Antes de que los niños hagan rodar las pelotas, pídales hacer predicciones.

- Diga, "Hoy, durante el periodo en grupos pequeños vamos a comprobar qué pelota rueda mejor".

Niños que aprenden una segunda lengua
Debido a que algunas de estas palabras representan conceptos abstractos es especialmente útil presentarlas en las lenguas que se hablan en los hogares de los niños. Diga la palabra en sus idiomas y luego pida a los niños que la repitan en la lengua del salón.

Antes de hacer la transición a las áreas de interés, hable de la balanza y de la colección de pelotas pequeñas, disponibles en el área de descubrimientos, y mencione cómo podrían usarlas.

Hora de escoger

Al interactuar con los niños en las áreas de interés, dedique tiempo a:

- Observarlos mientras usan la balanza.

- Hacerles preguntas que los animen a medir y a comparar objetos. Por ejemplo, "¿Qué lado es más pesado?" "¿Cuántos más creen que se necesitan para que este lado pese lo mismo que el otro?"

- Escribir lo que digan y hagan.

Niños que aprenden una segunda lengua
Para determinar cuándo necesitan ayuda los niños, especialmente aquellos que aún no hablan la lengua del salón, busque indicios no verbales: expresiones faciales, movimientos corporales (un niño que le dirige la mirada o que estira un brazo en dirección suya), o ambas cosas.

Lectura en voz alta	Lea el libro *¡A rebotar!*. • **Antes de leer**, pregunte, "¿Quién recuerda de qué se trata este libro?" • **Mientras lee**, haga pausas para que los niños completen las palabras que riman. Defina las palabras *mercado* y *sombra*.	• **Después de leer**, miren las páginas del libro y haga una lista de todas las pelotas que los niños le digan que ven. Muestre la ilustración de la fruta y pregunte, "¿Alguna de estas frutas parece una pelota?"

Grupos pequeños	**Opción 1: A rodar** • Consulte Enseñanza Intencional M06, "Llevar la cuenta". • Siga la orientación ofrecida en la tarjeta. • Coloque una rampa para que los niños puedan usarla para comprobar qué tan bien ruedan varios objetos. Construya la rampa usando una tabla, un canal de desagüe, un tubo de plástico o un tubo de cartón apoyados de manera segura en una mesa baja o en un bloque grande. • Use una variedad de pelotas u otros objetos como cuerpos geométricos, p. ej., tarros/cilindros, pirámides, cajas/cubos; y discos planos, p. ej., Frisbees®. • Anime a los niños a hacer predicciones, a comprobarlas y luego a clasificar los objetos en categorías, p. ej., esto rueda, esto *no* rueda. • Use las palabras *gravedad, fuerza* y *energía* con los niños mientras investigan los objetos que ruedan.	**Opción 2: Rampa para rodar** • Consulte Enseñanza Intencional M02, "Contar y comparar". • Siga la orientación ofrecida en la tarjeta. • Coloque una rampa para que los niños puedan usarla para comprobar qué tan bien ruedan varios objetos. Construya la rampa usando una tabla, un canal de desagüe, un tubo de plástico o un tubo de cartón apoyados de manera segura en una mesa baja o en un bloque grande. • Use una variedad de pelotas u otros objetos como cuerpos geométricos, p. ej., tarros/cilindros, pirámides, cajas/cubos; y discos planos, p. ej., Frisbees®. • Anime a los niños a hacer predicciones y a comprobarlas y luego a clasificar los objetos en categorías, p. ej., esto rueda y esto *no* rueda. • Use las palabras *gravedad, fuerza* y *energía* con los niños mientras investigan los objetos que ruedan.

Mega Minutos	• Revise Mega Minutos 12, "Pico, pico, Mandorico", y siga la orientación ofrecida en la tarjeta.	• Use objetos relacionados con el estudio de las pelotas.

Reunión final	• Recuerde los eventos del día.	• Anime a los niños a hablar de la experiencia cuando hicieron rodar pelotas por la rampa durante el periodo en grupos pequeños.

¿Todas las pelotas, bolas y balones ruedan?

Vocabulario

Español: *plano, circular, esfera*

Inglés: *flat, circular, sphere*

Consulte vocabulario adicional en Hablemos de Libros 06, *Los tres cabritos* (*The Three Billy Goats Gruff*).

Todo el grupo

Rutina inicial

- Canten una bienvenida y hablen de quiénes están presentes.

Poema: "Ven a jugar"

- Repase Mega Minutos 42, "Ven a jugar", y siga la orientación ofrecida en la tarjeta.

Comentarios y escritura compartida: ¿Circular como una tortilla o esférico como un balón?

- Recuerde a los niños la experiencia con la rampa que tuvieron el día anterior durante el periodo en grupos pequeños.

- Déle a cada niño una cantidad pequeña de plastilina o arcilla. Pregunte, "¿Qué podrían hacer para que ruede la arcilla?" Pídales *aplanarla* como una tortilla. Pregunte, "¿Pueden hacer rodar la tortilla? ¿Por qué sí o por qué no?"

- Hable de la pregunta del día. Muestre varios objetos planos y *circulares* de varios tamaños y hechos de distintos materiales, como discos compactos, tapas, círculos hechos en papel de construcción o una letra *O* magnética.

- Pregunte, "¿Ustedes creen que los objetos circulares como una tortilla ruedan?" Escriba las predicciones hechas y compruébelas.

- Compare los resultados con las pelotas que hicieron rodar el día anterior. Ayude a los niños a sacar la conclusión de que los objetos esféricos como una bola pueden rodar.

> **Explorar figuras de dos y tres dimensiones es importante para comprender la geometría. Amplíe el vocabulario de los niños usando los términos geométricos apropiados, p. ej., "Esa pelota rodó por la rampa. La pelota es una *esfera* y la mayoría de las esferas ruedan".**

Antes de hacer la transición a las áreas de interés, hable de las pelotas y los materiales para hacer rampas, disponibles en el área de bloques, y mencione cómo podrían usarlos.

Hora de escoger

Al interactuar con los niños en las áreas de interés, dedique tiempo a:

- Animarlos a hacer predicciones acerca de las pelotas que ruedan y comprobarlas en el área de bloques.
- Escribir lo que digan y hagan.

> **Para obtener ideas sobre cómo estimular a los niños para que jueguen cooperando con otros, consulte Enseñanza Intencional SE14, "Jugar juntos".**

Lectura en voz alta

Lea el libro *Los tres cabritos.*

- Use Hablemos de Libros 06, *Los tres cabritos,* y siga la orientación ofrecida en la tarjeta para realizar la tercera lectura en voz alta.

- Diga a los niños que el libro estará disponible en la computadora.

Grupos pequeños

Opción 1: ¿En cuál figura estoy pensando?

- Consulte Enseñanza Intencional M20, "¿En cuál figura estoy pensando?", y siga la orientación ofrecida en la tarjeta.

Opción 2: Hacer figuras

- Consulte Enseñanza Intencional M42, "Hacer figuras", y siga la orientación ofrecida en la tarjeta.

Mega Minutos

- Use Mega Minutos 43, "Rebota, pelota", y siga la orientación ofrecida en la tarjeta.

Reunión final

- Recuerde los eventos del día.
- Anime a los niños que hayan explorado las rampas y pelotas en el área de bloques a hablar de lo que hayan descubierto.

Investigación 2

¿Todas las pelotas, bolas y balones ruedan?

Vocabulario

Español: *rápido, más rápido*

Inglés: *fast, faster, fastest*

Todo el grupo

Rutina inicial

- Canten una bienvenida y hablen de quiénes están presentes.

Juego: Veo, veo…

- Repase Mega Minutos 19, "Veo, veo con mis binóculos".

- Siga la orientación ofrecida en la tarjeta para ayudar a los niños a ubicar los objetos del salón que son redondos como una pelota o una esfera, y los objetos que son redondos como una tortilla.

Comentarios y escritura compartida: La altura y las pelotas que ruedan

- Use una rampa pequeña poco inclinada. Coloque una pelota en la parte superior de la rampa y déjela rodar hasta abajo.

- Recuerde a los niños lo que descubrieron en la última investigación acerca de los efectos de soltar una pelota a distintas alturas para hacerla rebotar.

- Diga, "Me pregunto qué ocurrirá si inclinamos más la rampa". Haga comparaciones usando palabras como *rápido* y *más rápido*.

- Anime a los niños a hacer predicciones y comprobarlas. Escriba lo que ellos digan y hagan.

Antes de hacer la transición a las áreas de interés, hable de las pelotas y materiales para hacer rampas, disponibles en el área de bloques, y mencione cómo podrían usarlas para comprobar sus ideas. Diga, "Me pregunto qué pelotas ruedan más rápido y cuáles ruedan más lejos".

Hora de escoger

Al interactuar con los niños en las áreas de interés, dedique tiempo a:

- Animarlos a hacer rampas con distintas inclinaciones en el área de bloques. Pregunte, "¿En qué rampa creen que rodará esta pelota más rápido? ¿Más lejos? ¿Más despacio?"

- Escribir lo que digan y hagan los niños.

Lectura en voz alta	Lea el libro *Los tres cerditos*. • **Antes de leer**, diga el título del libro. Pregunte, "¿Qué saben acerca de este cuento?" • **Mientras lee**, haga pausas de vez en cuando y anime a los niños a predecir lo que va a ocurrir después.	**Después de leer**, anime a los niños a agregar elementos al cuento. Pregunte, "¿Qué creen que hizo el cerdito depués de que terminó el cuento?" Diga a los niños que el libro estará disponible en la computadora.

Grupos pequeños	**Opción 1: Lo impreso en el entorno** • Consulte Enseñanza Intencional LL23, "Jugar con lo impreso", y siga la orientación ofrecida en la tarjeta. --- **Niños que aprenden una segunda lengua** Incluya texto impreso del entorno en las lenguas que hablen los niños de la clase para que así se sientan bienvenidos y a gusto y para apoyar las destrezas de lectoescritura en la lengua que se habla en el hogar.	**Opción 2: Bolsi-libros** • Consulte Enseñanza Intencional LL20, "Bolsi-libros", y siga la orientación ofrecida en la tarjeta.

Mega Minutos	• Use Mega Minutos 28, "Contar ejercicios", y siga la orientación ofrecida en la tarjeta.

Reunión final	• Recuerde los eventos del día. • Anime a los niños que hayan explorado las rampas y pelotas en el área de bloques a hablar de lo que hayan descubierto.

Investigación 3

¿Qué hace mover las pelotas, bolas y balones?

	Día 1	Día 2	
Áreas de interés	**Juguetes y juegos:** instrumentos para medir alturas y circunferencias **Computadoras:** la versión electrónica de *Los tres cerditos*	**Arena y agua:** pelotas para usar en la mesa del agua **Enseñanza Intencional SE03** "Un lugar para tranquilizarse"	
Pregunta del día	¿Qué juego de pelota les gusta más?	¿Cómo creen que se moverá una pelota si está flotando en el agua?	
Todo el grupo	**Canción:** "Un elefante se balanceaba" **Comentarios y escritura compartida:** Los deportes **Materiales:** Mega Minutos 89, "Un elefante se balanceaba"; cámara digital	**Movimiento:** Moverse como el agua **Comentarios y escritura compartida:** La fuerza del agua **Materiales:** Mega Minutos 34, "La ola"; música instrumental; pañuelos, serpentinas o cintas; ; *Los tres cabritos*	
Lectura en voz alta	*Los tres cerditos*	*¡A rebotar!* pelotas de playa livianas o globos	
Grupos pequeños	**Opción 1: Soplar una pelota** Enseñanza Intencional M26, "Soplar y resoplar"; popotes; cinta de enmascarar; bolas pequeñas y livianas; instrumentos para medir **Opción 2: Aire impulsado** Enseñanza Intencional M26, "Soplar y resoplar"; popotes; cinta de enmascarar; bolas pequeñas y livianas; insrumentos para medir; secador de pelo o ventilador	**Opción 1: Letras, letras y más letras** Enseñanza Intencional LL07, "Letras, letras y más letras"; sellos de caucho del alfabeto; almohadillas de tinta de color; papel de construcción **Opción 2: Tesoros escondidos** Enseñanza Intencional LL21, "Tesoros escondidos"; letras magnéticas; imán grande; regla; cinta de enmascarar; mesa de arena con arena	
Mega Minutos	Mega Minutos 35, "¡Mi nombre también!"	Mega Minutos 33, "Arriba y abajo"; objetos conocidos de tres dimensiones	

Experiencias al aire libre

Hacer mover una pelota

- Explore las distintas maneras en que se pueden mover las pelotas o en que pueden ser movidas de un lugar a otro.

- Anime a los niños a pensar en distintas maneras de mover una pelota de un lugar a otro en el patio de juego sin tocarla, golpearla ni patearla. Si es posible, experimente usando un soplador de hojas para mover las pelotas por el patio de juegos.

- Invítelos a hacer predicciones y comprobarlas.

- Tome fotos de su investigación.

Ejercicio divertido

- Use Enseñanza Intencional P07, "Atrapar globos", y siga la orientación ofrecida en la tarjeta.

Colaboración con las familias

- Invite a un pariente o a un miembro de la comunidad a visitar el salón de clase para la Investigación 4: ¿Quién usa las pelotas, bolas y balones?

  - Invite a un pariente que use un balón para hacer ejercicio. Otra posibilidad sería comunicarse con un gimnasio de su localidad para invitar a alguien que pueda demostrar cómo usar una pelota de ejercicio.

  - Invite a algún pariente o miembro de la comunidad para que cuente algo relacionado con un juego de pelota que haya jugado en su infancia.

  - Invite a un pariente a traer a su mascota para jugar con una pelota, p. ej., un perro que atrapa una pelota o un hámster que juega dentro de una bola.

- Sugiera a las familias que lean y discutan con sus niños la versión electrónica de *Los tres cerditos*

Experiencias sorprendentes

- Día 1: Visita de un pariente que juegue algún deporte

¿Qué hace mover las pelotas, bolas y balones?

Vocabulario

Español: *energía, fuerza, circunferencia, altura*

Inglés: *energy, force, circumference, height*

Todo el grupo

Rutina inicial

- Canten una bienvenida y hablen de quiénes están presentes.

Canción: "Un elefante se balanceaba"

- Repase Mega Minutos 89, "Un elefante se balanceaba".

- Siga la orientación en la tarjeta usando la palabra *rebotar*.

Comentarios y escritura compartida: Los deportes

- Hable de la pregunta del día.

- Presente el pariente a los niños y dígales qué deporte juega.

- Pídale que hable de ese deporte, p. ej., cuándo comenzó a jugar y qué hace con la pelota o el balón en ese deporte. Pídale que demuestre cómo debe mover la pelota en ese deporte, p. ej., haciéndola rebotar varias veces seguidas, lanzándola o pateándola.

- Anime a los niños a hacer preguntas. Escriba las preguntas y las respuestas ofrecidas por el visitante.

- Diga, "En todos los deportes necesitamos *los músculos* para hacer mover una pelota o un balón". Pida al visitante que demuestre o describa qué hace para mantener sus músculos fuertes con el fin de participar en el deporte.

Recuerde tomar fotos de las Experiencias sorprendentes, como las ocasiones en que tengan visitantes en la clase. Pegue las fotos con los comentarios que le hayan dictado los niños. Las fotos los animarán a reflexionar sobre sus experiencias y y sobre lo que han aprendido durante el estudio.

Antes de hacer la transición a las áreas de interés, diga a los niños lo que significa la palabra *circunferencia*. Pida a un niño que le ayude a medir la *circunferencia* del balón o la pelota del visitante usando lana como instrumento para medir. Pídale que rodee la parte más ancha del balón o la pelota (su ecuador). Corte el pedazo de lana exactamente igual a la circunferencia del balón. Luego pida a otro niño que mida la altura del balón con otro pedazo de lana. Corte ese pedazo de lana para mostrar la altura del balón. Muestre los dos pedazos, uno al lado del otro, y pregunte, "¿Qué pedazo es más largo, el usado para medir la altura o el usado para medir la circunferencia?" Invite a los niños a seguir experimentando con alturas y circunferencias usando las pelotas disponibles en el área de juguetes y juegos.

Hora de escoger

Al interactuar con los niños en las áreas de interés, dedique tiempo a:

- Observarlos mientras miden la altura y la circunferencia de objetos en el área de juguetes y juegos. Ofrezca ayuda cuando sea necesario.

- Preguntar, "¿Pueden encontrar una pelota o un balón más ancho (*circunferencia*) que alto (*altura*)?"

- Escribir lo que digan y hagan.

Lectura en voz alta

Lea el libro *Los tres cerditos*.

- **Antes de leer**, muestre la cubierta y pregunte, "Cuál es el título de este libro?"

- **Mientras lee**, haga pausas para que los niños completen frases predecibles.

- **Después de leer**, pregunte qué accesorios necesitan para dramatizar el cuento. Escriba las ideas ofrecidas y ayúdeles a reunir los accesorios. Diga que los accesorios y el libro estarán en el area de biblioteca para que los usen si desean dramatizar el relato durante la hora de escoger actividades. Diga a los niños que el libro estará disponible en la computadora.

Grupos pequeños

Opción 1: Soplar una pelota

- Repase el cuento *Los tres cerditos*. Hable con los niños de la *energía* y la *fuerza* de los soplidos del lobo.

- Consulte Enseñanza Intencional M26, "Soplar y resoplar", y siga la orientación ofrecida en la tarjeta.

Opción 2: Aire impulsado

- Repase el cuento *Los tres cerditos*. Hable con los niños de la *energía* y la *fuerza* de los soplidos del lobo.

- Consulte Enseñanza Intencional M26, "Soplar y resoplar", y siga la orientación ofrecida en la tarjeta.

- Amplíe la investigación de los niños usando un ventilador o un secador para proveer la energía que moverá la pelota. Pida a los niños que seleccionen una variedad de pelotas para comprobar cómo se mueven mientras usted usa el ventilador o el secador.

Mega Minutos

- Use Mega Minutos 35, "¡Mi nombre también!" Siga la orientación ofrecida en la tarjeta.

Reunión final

- Recuerde los eventos del día.

- Escriban una nota de agradecimiento del grupo al pariente que haya visitado el salón ese día.

Niños que aprenden una segunda lengua
Al expresarse, los niños que están aprendiendo un nuevo idioma podrían usar este nuevo idioma en combinación con palabras de la lengua que se habla en sus hogares. Combinar palabras de ambos idiomas es de esperar y no indica que un niño esté confundido.

Investigación 3

¿Qué hace mover las pelotas, bolas y balones?

Vocabulario

Español: *fuerza, punta*

Inglés: *force, tip*

Todo el grupo

Rutina inicial

- Canten una bienvenida y hablen de quiénes están presentes.

Movimiento: Moverse como el agua

- Repase Mega Minutos 34, "La ola". Siga la orientación ofrecida en la tarjeta.

Comentarios y escritura compartida: La fuerza del agua

- Muestre a los niños la página del libro *Los tres cabritos* en la que se muestra agua corriendo.

- Mencione que la fuerza del agua era tanta que se llevó al ogro.

- Pregunta, "¿Ustedes creen que el agua puede mover una pelota?"

- Escriba las predicciones.

Antes de hacer la transición a las áreas de interés, hable de las pelotas disponibles en la mesa del agua en el área de arena y agua. Explique que allí podrán comprobar sus predicciones. Hable de la pregunta del día.

Hora de escoger

Al interactuar con los niños en las áreas de interés, dedique tiempo a:

- Animar los niños a experimentar con las pelotas en la mesa del agua.

- Describir lo que hagan y los resultados de sus acciones, p. ej., "Vertiste agua del tarro sobre la pelota. Eso la hizo dar vueltas en el agua".

- Escribir lo que digan y hagan los niños.

Para obtener más ideas sobre cómo hacer participar a los niños en el área de arena y agua, consulte *El Currículo Creativo para educación preescolar, Volumen 2: Áreas de interés.*

Lectura en voz alta

Lea el libro *¡A rebotar!*.

- **Antes de leer**, tape el título y pregunte, "¿Cuál es el nombre de este libro?"

- **Mientras lee**, defina la palabra *punta* señalando la punta de su nariz.

- **Después de leer**, proporcione varias pelotas de playa livianas o globos y anime a los niños a hacerlas rebotar con la punta de la nariz y con otras partes del cuerpo, p. ej. el codo, la rodilla y la cabeza.

Grupos pequeños

Opción 1: Letras, letras y más letras

- Consulte Enseñanza Intencional LL07, "Letras, letras y más letras", y siga la orientación ofrecida en la tarjeta.

Opción 2: Tesoros escondidos

- Consulte Enseñanza Intencional LL21, "Tesoros escondidos", y siga la orientación ofrecida en la tarjeta.

> **Repetir experiencias en grupos pequeños ofrece oportunidades para que los niños refuercen el conocimiento adquirido recientemente.**

Mega Minutos

- Use Mega Minutos 33, "Arriba y abajo".

- Haga la variación de figura que está en el reverso.

Reunión final

- Recuerde los eventos del día.

- Invite a los niños que hayan experimentado con las pelotas en la mesa del agua durante la hora de escoger actividades a que hablen de lo que hayan descubierto.

Investigación 4

¿Quién usa las pelotas, bolas y balones?

	Día 1	Día 2	Día 3
Áreas de interés	**Juguetes y juegos:** variedad de figuras tridimensionales	**Bloques:** bola de demolición (una pelota de playa atada a una cuerda larga); bloques de cartón **Computadoras:** las versiones electrónicas de *Pelotas, bolas y balones* y *Pelota, pelota*	**Juego dramático:** materiales sugeridos durante la reunión final en el día 2
Pregunta del día	¿Qué creen que veremos en nuestra visita?	¿Alguna vez han estado en una tienda donde venden pelotas?	¿Puede convertir su cuerpo en una pelota?
Todo el grupo	**Canción:** "Un círculo es fácil" **Comentarios y escritura compartida:** Prepararse para visitar un sitio **Materiales:** Mega Minutos 23, "¡A que si, a que no!"; Mega Minutos 20, "Un círculo es fácil"	**Libro:** *Pelotas, bolas y balones* **Comentarios y escritura compartida:** Preguntas para la visita a la tienda **Materiales:** *Pelotas, bolas y balones*; Enseñanza Intencional SE01, "Visitas a sitios"; cámara digital	**Juego:** Patrones con el cuerpo **Comentarios y escritura compartida:** Pelota de gimnasia **Materiales:** Mega Minutos 36, "Patrones con el cuerpo"; una cámara digital
Lectura en voz alta	*Igual que Josh Gibson* Hablemos de Libros 07 (primera lectura en voz alta)	*Pelota, pelota*	*Igual que Josh Gibson* Hablemos de Libros 07 (segunda lectura en voz alta)
Grupos pequeños	**Opción 1: ¿Qué falta?** Enseñanza Intencional LL18, "¿Qué falta?"; colección de pelotas; una bolsa o una caja; un pedazo de papel o de cartón grande **Opción 2: Juegos para la memoria** Enseñanza Intencional LL08, "Juegos para la memoria"; juego para la memoria, juego de lotería, o una serie de imágenes u objetos duplicados	**Opción 1: Tableros para hacer figuras** Enseñanza Intencional M21, "Tableros para hacer figuras"; tableros para hacer figuras; ligas de caucho; tarjetas de figuras **Opción 2: ¿En cuál figura estoy pensando?** Enseñanza Intencional M20, "¿En cuál figura estoy pensando?"; cuerpos geométricos; recipientes vacíos con formas similares a los cuerpos geométricos	**Opción 1: Patrones hechos con cuentas** Enseñanza Intencional M14, "Patrones"; cuentas; ejemplos de patrones; papel de construcción; crayones o marcadores **Opción 2: Hacer adornos** Enseñanza Intencional M14, "Patrones"; implementos para hacer adornos, p.ej., cuentas, cuerda, popotes de colores; papel de construcción; crayones o marcadores
Mega Minutos	Mega Minutos 04, "Rima, rima, ma, me, mi"	Mega Minutos 42, "Ven a jugar"	Mega Minutos 30, "Bailemos juntos"

Día 4	**Día 5**	Dedique tiempo para…
Todas: materiales básicos	**Todas:** espejos; materiales para hacer collage	## Experiencias al aire libre **Búsqueda de esferas** • Pida a los niños que busquen elementos esféricos al aire libre. • Recolecte o tome fotos de los objetos esféricos encontrados por los niños.
¿Qué es lo que más les gusta hacer con las pelotas, bolas y balones?	¿Qué animales juegan con pelotas?	**Ejercicio divertido** • Consulte Enseñanza Intencional P06, "Atrapar bolitas con una pala", y siga la orientación ofrecida en la tarjeta.
Canción: "Tengo un amiguito" **Comentarios y escritura compartida:** Visita de un pariente **Materiales:** Mega Minutos 40, "Tengo un amiguito"; cámara digital	**Juego:** El movimiento de los animales **Comentarios y escritura compartida:** Mascotas que juegan con pelotas **Materiales:** Mega Minutos 39, "Aplanado o inflado"; cámara digital; materiales de escritura; papel	## Colaboración con las familias • Anime a los niños a entrevistar a las familias acerca de los juegos con pelotas que realizaban cuando eran niños. • Sugiera a las familias que busquen las versiones electrónicas de *Pelotas, bolas y balones* y *Pelota, pelota*
Pelota, pelota papel; materiales de escritura; Enseñanza Intencional LL32, "Descripciones artísticas"	*Igual que Josh Gibson* Hablemos de Libros 07 (tercera lectura en voz alta)	## Experiencias sorprendentes • Día 2: Visita a una tienda de artículos deportivos • Día 3: Visitante con una pelota de ejercicio • Día 4: Visita de un pariente o de una persona mayor de la comunidad • Día 5: Visitante con una mascota que juegue a la pelota
Opción 1: Libro de búsqueda de esferas Enseñanza Intencional LL04, "Hacer libros"; cartulina; papel en blanco; lápices, crayones o marcadores; instrumentos de encuadernación; tablillas sujetapapeles **Opción 2: Libro de búsqueda de esferas hecho en la computadora** Enseñanza Intencional LL02, "Hacer libros en la computadora"; cámara digital; computadora; colección de palabras de cada niño; impresora, tinta y papel; implementos de encuadernación	**Opción 1: Libro de búsqueda de esferas** Enseñanza Intencional LL04, "Hacer libros"; cartulina; papel en blanco; lápices, crayones o marcadores; instrumentos de encuadernación; tablillas sujetapapeles **Opción 2: Libro de búsqueda de esferas hecho en la computadora** Enseñanza Intencional LL02, "Hacer libros en la computadora"; cámara digital; computadora; colección de palabras de cada niño; impresora, tinta y papel; implementos de encuadernación	
Mega Minutos 28, "Contar ejercicios"	Mega Minutos 05, "Mira cómo me muevo"	

¿Quién usa las pelotas, bolas y balones?

Vocabulario

Español: *cubo, prisma rectangular, cilindro, esfera, entrevista*

Inglés: *cube, rectangular prism, cylinder, sphere, interview*

Consulte vocabulario adicional en Hablemos de Libros 07, *Igual que Josh Gibson (Just Like Josh Gibson).*

Todo el grupo

Rutina inicial

- Canten una bienvenida y hablen de quiénes están presentes.

Canción: "Un círculo es fácil"

- Repase Mega Minutos 20, "Un círculo es fácil", y siga la orientación ofrecida en la tarjeta.

Niños que aprenden una segunda lengua
Cuando los niños que están aprendiendo una segunda lengua usan sólo una palabra o una frase corta para responder a la pregunta del día, amplíe sus respuestas para ayudarlos a adquirir conocimientos del vocabulario y la gramática. Si alguien dice "baloncesto" amplíe la respuesta diciendo, "Tú crees que vamos a ver un balón de baloncesto en la tienda".

Comentarios y escritura compartida: Prepararse para visitar un sitio

- Diga a los niños, "Mañana haremos una visita a un sitio. Vamos a ir a la tienda donde venden pelotas".

- Hable de la pregunta del día. Pregunte, "¿Qué creen que veremos en la tienda?"

- Comente las respuestas y ayude a los niños a ampliar sus ideas.

- Escriba las ideas ofrecidas.

- Repase Mega Minutos 23, "¡A que si, a que no!", y siga la orientación ofrecida en la tarjeta para cantar sobre la visita a la tienda.

Antes de hacer la transición a las áreas de interés, hable de las figuras tridimensionales disponibles en el área de juguetes y juegos, y mencione cómo podrían usarlas.

Niños que aprenden una segunda lengua
Envíe a los hogares una nota explicando la actividad de la entrevista. Si los parientes de los niños tienen un manejo limitado de la lengua hablada en el salón, escriba la nota en la lengua que se habla en el hogar. Si es necesario, pida ayuda a sus colegas o a los parientes de los otros niños.

Hora de escoger

Al interactuar con los niños en las áreas de interés, dedique tiempo a:

- Pedirles que describan figuras en el área de juguetes y juegos.

- Hablar de las figuras tridimensionales usando la terminología apropiada. Diga, por ejemplo, "Un *cubo* es como una caja, un *prisma rectangular* es como una caja larga, un *cilindro* es como un tarro y una *esfera* es como una pelota".

> **Decir el nombre de las figuras no es el aspecto más importante de la geometría. Al proporcionarles a los niños experiencias prácticas (como la de trabajar con rampas y pelotas) se los ayuda a aprender los atributos de las figuras tridimensionales.**

Lectura en voz alta

Lea el libro *Igual que Josh Gibson.*

- Use Hablemos de Libros 07, *Igual que Josh Gibson*, y siga la orientación ofrecida en la tarjeta para realizar la primera lectura en voz alta.

Grupos pequeños

Opción 1: ¿Qué falta?

- Consulte Enseñanza Intencional LL18, "¿Qué falta?", y siga la orientación ofrecida en la tarjeta.

- Use varias pelotas de la colección para realizar el juego.

Opción 2: Juegos para la memoria

- Consulte Enseñanza Intencional LL08, "Juegos para la memoria", y siga la orientación ofrecida en la tarjeta.

- Use cualquier juego para la memoria o de lotería que tenga en el salón. Si no tiene uno, puede crearlo pegando en tarjetas imágenes duplicadas de pelotas.

Mega Minutos

- Use Mega Minutos 04, "Rima, rima, ma, me, mi".

- Haga la variación que está en el reverso de la tarjeta.

Reunión final

- Recuerde los eventos del día.

- Recuerde a los niños que al día siguiente visitarán un sitio. Pregúnteles qué desean preguntarle a las personas que trabajan allí. Escriba las ideas ofrecidas.

- Invite a los niños a *entrevistar* a un pariente o a un vecino acerca de los juegos con pelotas que juegan ahora o jugaban cuando eran niños.

¿Quién usa las pelotas, bolas y balones?

Vocabulario

Español: *bola de demolición*

Inglés: *wrecking ball*

Todo el grupo

Rutina inicial

- Canten una bienvenida y hablen de quiénes están presentes.

Libro: *Pelotas, bolas y balones*

- Lean el libro *Pelotas, bolas y balones*. Señale la *bola de demolición* en el cuento. Diga a los niños que el libro estará disponible en la computadora.

Comentarios y escritura compartida: Preguntas para la visita a la tienda

- Hable de la pregunta del día.

- Repase las preguntas hechas el día anterior durante la reunión final. Pregunte, "¿Alguien tiene otra pregunta para hacer en nuestra visita hoy? Si es así, hablemos de ellas y agreguémoslas a nuestra lista".

- Antes de la visita a la tienda, explique cómo espera que se comporten los niños. Para obtener más información, consulte Enseñanza Intencional SE01, "Visitas a sitios".

Antes de hacer la transición a las áreas de interés, hable de la bola de demolición y mencione cómo podrían usarla en la sección protegida del área de bloques. Pregunte, "¿Cómo podemos no correr peligro mientras usamos la bola de demolición? ¿Cómo podemos asegurarnos de no derrumbar otras edificaciones en el área de bloques?" Escriba las respuestas ofrecidas. Ponga a la vista sus "reglas" de seguridad para usar la bola de demolición en el área de bloques.

Use una estantería u otro separador bajo para crear una sección en el área de los bloques donde puedan usar la bola de demolición. Si en su salón esto no es posible, trate de realizar la experiencia al aire libre donde puede haber más espacio.

Hora de escoger

Al interactuar con los niños en las áreas de interés, dedique tiempo a:

- Observarlos mientras usan la bola de demolición. Tome fotos para pegarlas en el área de bloques más tarde.

- Escribir lo que digan y hagan los niños.

- Después de regresar de la visita, invitar a los niños a escribir una nota de agradecimiento, en grupo, para los miembros del personal que conocieron allí.

Lectura en voz alta

Lea el libro *Pelota, pelota*

- **Antes de leer**, hable de la cubierta del libro.

- **Mientras lee**, dedique tiempo a mostrar detalles en las ilustraciones.

- **Después de leer**, invite a los niños a hablar de alguna experiencia que hayan tenido realizando los juegos o participando en los deportes descritos en el libro. Diga a los niños que la versión electrónica estará disponible en la computadora.

Grupos pequeños

Opción 1: Tableros para hacer figuras

- Consulte Enseñanza Intencional M21, "Tableros para hacer figuras", y siga la orientación ofrecida en la tarjeta.

Opción 2: ¿En cuál figura estoy pensando?

- Consulte Enseñanza Intencional M20, "¿En cuál figura estoy pensando?", y siga la orientación ofrecida en la tarjeta.

Mega Minutos

- Use Mega Minutos 42, "Ven a jugar". Siga la orientación ofrecida en la tarjeta.

- Haga una de las variaciones en el reverso de la tarjeta.

Reunión final

- Recuerde los eventos del día.

- Pida a los niños que comenten sus experiencias en la visita de hoy.

- Pregunte, "Si quisiéramos convertir el área de juego dramático en un lugar como el que vimos hoy en nuestra visita, ¿qué necesitaríamos?"

- Sugiera a los niños observar las fotos tomadas en la tienda. Dirija la atención a los letreros en la tienda así como a los artículos exhibidos. Escriba las respuestas ofrecidas.

Niños que aprenden una segunda lengua
Para que los niños con poco dominio de la lengua hablada en el salón puedan participar en el periodo con todo el grupo, haga preguntas sencillas que se puedan responder con una sola palabra o señalando algo en una foto. Por ejemplo, pregunte, "¿Qué pelota de la tienda les gustó más?"

¿Quién usa las pelotas, bolas y balones?

Vocabulario

Español: *patrón*

Inglés: *pattern*

Consulte vocabulario adicional en Hablemos
de Libros 07, *Igual que Josh Gibson (Just Like Josh Gibson).*

Todo el grupo

Rutina inicial

- Canten una bienvenida y hablen de
quiénes están presentes.

Juego: Patrones con el cuerpo

- Hable sobre la pregunta del día

- Repase Mega Minutos 36, "Patrones con
el cuerpo". Siga la orientación ofrecida
en la tarjeta.

> **Ayudar a los niños a comprender
> lo que pueden hacer con el cuerpo
> y a moverse de distintas maneras
> crea el cimiento para que disfruten
> las actividades físicas y en general
> tengan un estilo de vida sano.**

**Comentarios y escritura compartida:
Pelota de gimnasia**

- Presente el visitante a los niños. Invítele
a explicar y a demostrar cómo usa una
pelota de gimnasia.

- Anime a los niños a hacerle preguntas.
Escriba las preguntas y las respuestas
del visitante.

- Si es posible, permita que los niños
ensayen los ejercicios usando pelotas
de tamaño apropiado.

- Tome fotos para documentar la
experiencia.

Antes de hacer la transición a las áreas
de interés recuerde a los niños la lista de
materiales que hicieron el día anterior
durante la reunión final. Hable de los
materiales para recrear el lugar visitado,
disponibles en área de juego dramático,
y mencione cómo podrían usarlos.

Niños que aprenden una segunda lengua
Para los niños que aún no hablan la lengua
del salón las actividades del área de juego
dramático podrían ser muy difíciles y
demandarles mucho esfuerzo. Presentarles
los accesorios apropiados y demostrarles
distintos roles que podrían representar,
ayuda a estos niños a sentirse más a gusto
y a participar en el juego.

Hora de escoger

Al interactuar con los niños en las áreas de interés, dedique tiempo a:

- Ampliar sus ideas sugiriéndoles maneras en las que podrían usar los materiales en el área de juego dramático. Diga, por ejemplo, "Tania dijo que se necesita mucho dinero para comprar esta pelota de ejercicio grande. ¿Por qué no usamos estos adhesivos para poner etiquetas en las cosas para que la gente sepa cuánto cuesta lo que van a comprar?"

- Observar a los niños mientras usan los materiales en el área de juego dramático. Relacione su juego con las experiencias que hayan tenido en la visita a la tienda. Recuérdeles las funciones de quienes trabajan en la tienda y lo que vieron hacer a los clientes en la tienda, p. ej., "Mario es el cliente y le está pagando a Alex por la pelota que compró. ¿Cuánto cuesta esa pelota?"

- Escribir lo que digan y hagan los niños.

> **Cuando los niños juegan a comprar y vender en el área de juego dramático están aprendiendo acerca de economía, un componente de los contenidos de los estudios sociales.**

Lectura en voz alta

Lea el libro *Igual que Josh Gibson.*

- Use Hablemos de Libros 07, *Igual que Josh Gibson*, y siga la orientación ofrecida en la tarjeta para realizar la segunda lectura en voz alta.

Grupos pequeños

Opción 1: Patrones hechos con cuentas

- Consulte Enseñanza Intencional M14, "Patrones", y siga la orientación ofrecida en la tarjeta.

- Invite a los niños a hacer patrones con cuentas y cordones.

Opción 2: Hacer adornos

- Consulte Enseñanza Intencional M14, "Patrones", y siga la orientación ofrecida en la tarjeta.

- Pida a los niños que usen varios artículos para hacer adornos, p. ej., cuentas pequeñas y cuerda; popotes de colores cortados en trozos para ensartarlos.

Mega Minutos

- Use Mega Minutos 30, "¡Bailemos juntos!" Siga la orientación ofrecida en la tarjeta.

Reunión final

- Recuerde los eventos del día.

- Recuerde a los niños que hablen con sus parientes acerca de los juegos con pelotas que juegan ahora o que jugaban cuando eran niños.

¿Quién usa las pelotas, bolas y balones?

Vocabulario

Español: *patrón*

Inglés: *pattern*

Todo el grupo

Rutina inicial

- Canten una bienvenida y hablen de quiénes están presentes.

Canción: "Tengo un amiguito"

- Repase Mega Minutos 40, "Tengo un amiguito". Siga la orientación ofrecida en la tarjeta.

Comentarios y escritura compartida: Visita de un pariente

- Hable de la pregunta del día.

- Presente al pariente o a la persona mayor de la comunidad a los niños o invite al niño emparentado a presentar al visitante.

- Invítelo a hablar de un juego con pelota que haya jugado cuando era niño.

- Anime a los niños a hacer preguntas. Escriba las preguntas de los niños y las respuestas del visitante.

- Tome fotos para documentar la experiencia.

Antes de hacer la transición a las áreas de interés, hable de las cuentas y los cordones disponibles en el área de juguetes y juegos, y mencione cómo podrían usarlos para hacer patrones. Hable también de los materiales disponibles en el área del arte y mencione cómo podrían usarlos para hacer notas de agradecimiento para el visitante que trajo el día anterior la pelota de ejercicio.

> **Si es posible, averigüe por anticipado qué artículos usaba en su juego con pelota el visitante que vaya a venir ese día. Planee tener esos elementos disponibles para que los niños los exploren.**

Hora de escoger

Al interactuar con los niños en las áreas de interés, dedique tiempo a:

- Hablar con los niños sobre los patrones que crearon. Pídales que los describan.

- Tomar fotos de los patrones de cuentas. Muestre las fotos junto al dictado de los niños.

> **Hable de las letras y los sonidos mientras los escribe, p. ej., "La palabra *fútbol* comienza con el sonido /f/. Esa es la letra f. Miren cómo escribo la f".**

Lectura en voz alta

Lea el libro *Pelota, pelota*

- **Antes de leer**, recuerde a los niños que al principio de la semana usted les pidió que *entrevistaran* a sus familias acerca de los juegos con pelotas. Invítelos a compartir con el grupo lo que les hayan dicho.

- **Mientras lee**, relacione los juegos con pelotas del cuento con los que jugaban los parientes de los niños.

- **Después de leer**, déles tiempo para que escriban y hagan dibujos de uno de los juegos con pelotas mencionados en el cuento o mencionado por los parientes en las entrevistas. Escriba lo que ellos digan acerca de sus trabajos y haga una exhibición en el salón. Diga a los niños que el libro estará disponible en la computadora.

Consulte Enseñanza Intencional LL32, "Descripciones artísticas" para obtener más información sobre cómo escribir el dictado de los niños.

Grupos pequeños

Opción 1: Libro de búsqueda de esferas

- Consulte Enseñanza Intencional LL04, "Hacer libros", y siga la orientación ofrecida en la tarjeta.

- Diga a los niños que van a hacer una búsqueda de esferas al aire libre.

- Déle a cada uno una tablilla con sujetapapeles y papel.

- Explique que deben buscar objetos esféricos y anime a los niños a hacer dibujos de lo que encuentren.

Opción 2: Libro de búsqueda de esferas hecho en la computadora

- Consulte Enseñanza Intencional LL02, "Hacer libros en la computadora", y siga la orientación ofrecida en la tarjeta.

- Diga a los niños que van a hacer una búsqueda de esferas al aire libre.

- Explique que deben buscar objetos esféricos y anime a los niños a tomar fotos digitales de lo que vean.

Mega Minutos

- Use Mega Minutos 28, "Contar ejercicios". Siga la orientación ofrecida en la tarjeta.

- Trate de usar pelotas con los ejercicios.

Reunión final

- Recuerde los eventos del día.

- Hable del pariente que traerá una mascota que juega a la pelota y que les visitará al día siguiente. Recuérdeles que los movimientos súbitos y los ruidos fuertes pueden asustar al animal. Así que es importante usar un tono de voz suave y moverse lentamente cuando la mascota los esté visitando.

Si al día siguiente los va a visitar una persona que traerá un perro, y el clima lo permite, usted podría realizar la reunión con todo el grupo al aire libre. El perro se podría sentir más a gusto teniendo espacio adicional y tendría más espacio para demostrar cómo juega con la pelota. Averigüe con su programa si hay alguna regla relacionada con la visita de animales.

¿Quién usa las pelotas, bolas y balones?

Vocabulario

Consulte Hablemos de Libros 07, *Igual que Josh Gibson (Just Like Josh Gibson)*.

Todo el grupo

Rutina inicial

- Canten una bienvenida y hablen de quiénes están presentes.

Juego: El movimiento de los animales

- Repase Mega Minutos 39, "Aplanado o inflado", y siga la orientación ofrecida en la tarjeta.

- Ensaye la variación al reverso de la tarjeta para moverse como distintos animales.

Comentarios y escritura compartida: Mascotas que juegan con pelotas

- Repase la pregunta del día.

- Recuerde a los niños usar un tono de voz suave y moverse lentamente para que la mascota no se asuste.

- Presente al visitante y la mascota e invite al visitante a hablar de cómo juega su mascota con una pelota.

- Anime a los niños a hacer preguntas. Escriba las preguntas ofrecidas y las respuestas del visitante.

- Déles tiempo para hacer dibujos de la mascota jugando con una pelota.

> **Si algún niño se siente nervioso con la mascota, invítele a sentarse con usted o con otro adulto en otra área del salón. Así, el niño y el animal se sentirán más a gusto estando a cierta distancia.**

Antes de hacer la transición a las áreas de interés, hable de la colección de objetos naturales esféricos, disponibles en el área de descubrimientos, y mencione cómo podrían usarlos. Hable también de los materiales disponibles en al área del arte que podrían usar para hacer tarjetas de agradecimiento a todos los parientes que les hayan visitado durante esta investigación.

Hora de escoger

Al interactuar con los niños en las áreas de interés, dedique tiempo a:

- Preguntarles qué desearían decirle al visitante y escribirlo en las notas de agradecimiento.

- Animarlos a escribir tantas palabras como puedan y pedirles que firmen la tarjeta.

- Observar a los niños mientras exploran la colección de objetos naturales en el área de descubrimientos. Proporcióneles lupas para que puedan mirar más detalles.

- Hacerles preguntas para animarlos a describir los objetos e invitarlos a documentar en papel lo que observen, p. ej., haciendo un dibujo de lo que vean a través de una lupa.

> **Como los materiales para hacer tarjetas ya están disponibles, los niños también podrían desear hacer tarjetas para otras personas. Para obtener más ideas, consulte Enseñanza Intencional SE19, "Tarjetas de amor y amistad".**

Lectura en voz alta

Lea el libro *Igual que Josh Gibson.*

- Use Hablemos de Libros 07, *Igual que Josh Gibson,* y siga la orientación ofrecida en la tarjeta para realizar la tercera lectura en voz alta.

Grupos pequeños

Opción 1: Libro de búsqueda de esferas

- Consulte Enseñanza Intencional LL04, "Hacer libros", y siga la orientación ofrecida en la tarjeta.

- Diga a los niños que van a hacer una búsqueda de esferas al aire libre.

- Déle a cada uno una tablilla con sujeta-papeles y papel.

- Explique que deben buscar objetos esféricos y anime a los niños a hacer dibujos de lo que encuentren.

Opción 2: Libro de búsqueda de esferas hecho en la computadora

- Consulte Enseñanza Intencional LL02, "Hacer libros en la computadora", y siga la orientación ofrecida en la tarjeta.

- Diga a los niños que van a hacer una búsqueda de esferas al aire libre.

- Explique que deben buscar elementos esféricos y anime a los niños a tomar fotos digitales de lo que vean.

Mega Minutos

- Use Mega Minutos 05, "Mira cómo me muevo". Siga la orientación ofrecida en la tarjeta.

- Relacione esta experiencia con la que tuvieron más temprano, cuando se movieron como animales al participar en "Aplanado o inflado".

Reunión final

- Recuerde los eventos del día.

- Invite a los niños que investigaron los objetos naturales en el área de descubrimientos a compartir lo que observaron.

Investigación 5

¿De qué están hechos?

	Día 1	Día 2	Día 3
Áreas de interés	**Arte:** tiras delgadas de papel periódico o toallas de papel (de 1-2 pulgadas de ancho); pegamento; agua; globos	**Arte:** tiras delgados de papel periódico o toallas de papel (1-2 pulgadas de ancho); pegamento; agua; globos **Descubrimientos:** bolas que se puedan abrir y que no se puedan abrir	**Arte:** tiras delgados de papel periódico o toallas de papel (1-2 pulgadas de ancho); pegamento; agua; globos **Descubrimientos:** bolas que se puedan abrir y que no se puedan abrir
Pregunta del día	¿Pueden hacer una bola?	¿Qué creen que hay dentro de una pelota?	¿Ustedes creen que una burbuja es una bola?
Todo el grupo	**Movimiento:** Moverse como un globo **Comentarios y escritura compartida:** Explorar pelotas, bolas y balones usando los sentidos **Materiales:** Mega Minutos 39, "Aplanado o inflado"; recipiente con pelotas de distintos materiales	**Canción:** "Un elefante se balanceaba" **Comentarios y escritura compartida:** ¿Qué creen que tiene adentro una pelota? **Materiales:** Mega Minutos 89, "Un elefante se balanceaba"; colección de pelotas, bolas y balones	**Juego:** ¡Mi nombre también! **Comentarios y escritura compartida:** Hueco y compacto **Materiales:** una pelota de playa inflada; una pelota de playa llena de arena; Mega Minutos 35, "¡Mi nombre también!"
Lectura en voz alta	*Llaman a la puerta*	*Una canasta de cumpleaños*	*Llaman a la puerta*
Grupos pequeños	**Opción 1: Caminar por las letras** Enseñanza Intencional LL17, "Caminar por las letras"; cinta de enmascarar; tarjetas del alfabeto o cartel del alfabeto **Opción 2: Frijoles saltarines** Enseñanza Intencional LL05, "Frijoles saltarines"; papel de construcción; marcador; tijeras; implementos de laminación o papel adhesivo transparente; un tarro de café	**Opción 1: Adivinanzas con rimas** Enseñanza Intencional LL11, "Adivinanzas con rimas"; accesorios cuyos nombres rimen con las palabras elegidas **Opción 2: Nombres que rimen** Enseñanza Intencional LL10, "Lista de rimas"; pliego de papel grande; marcador; poema o canción que rime con las pelotas, bolas y balones; accesorios que ilustren el poema o la canción; Enseñanza Intencional LL19, "Nombres graciosos"	**Opción 1: ¿Qué ocurrió después?** Enseñanza Intencional LL01, "Escritura compartida" **Opción 2: Continuar el cuento** Enseñanza Intencional LL04, "Hacer libros"; cartón o cartulina; papel en blanco; lápices, crayones o marcadores; implementos de encuadernación
Mega Minutos	Mega Minutos 19, "Veo, veo con mis binóculos"	Mega Minutos 38, "Allá en la fuente"	Mega Minutos 41, "La pelota imaginaria"; tarjetas de números

Día 4	Día 5	Dedique tiempo para…
Arte: pelotas ya terminadas de papel maché; colección de esferas y círculos **Descubrimientos:** bolas desinfladas; inflador **Computadoras:** la versión electrónica de *Pelotas, bolas y balones*	**Arte:** pelotas ya terminadas de papel maché; colección de esferas y círculos; Enseñanza Intencional LL26, "Búsqueda en Internet" **Computadoras:** sitios en internet que contestan preguntas sobre qué tienen dentro las pelotas	## Experiencias al aire libre **Explorar burbujas** • Lleve afuera solución para hacer burbujas y armazones para que los niños las exploren. • Pregunte, "¿Una burbuja es una bola?" • Pregunte, "¿Por qué una burbuja siempre es redonda aunque usemos una armazón cuadrada?" • Pregunte, "¿En qué se diferencian o se parecen las burbujas a otro tipo de bolas?" • Escriba las ideas ofrecidas por los niños y tome fotos de su investigación.
¿Qué alimento esférico les gusta más?	¿Esta pelota se puede abrir?	## Ejercicio divertido • Consulte Enseñanza Intencional P25, "Patear fuerte", y siga la orientación ofrecida en la tarjeta.
Canción: "Un elefante se balanceaba" **Comentarios y escritura compartida:** Alimentos esféricos **Materiales:** Mega Minutos 89, "Un elefante se balanceaba"; música; Mega Minutos 43, "Rebota, pelota"	**Juego:** Veo, veo… **Comentarios y escritura compartida:** Búsqueda de respuestas **Materiales:** Mega Minutos 19, "Veo, veo con mis binóculos"; pelotas que no se puedan abrir	## Colaboración con las familias • Invite a las familias a participar en la celebración para finalizar el estudio.
Pelotas, bolas y balones papel; marcadores	*Llaman a la puerta* 12 fichas o otros objetos manipulables	
Opción 1: Hacer plastilina Enseñanza Intencional M15, "Hacer plastilina"; (Consulte en la tarjeta el equipo, la receta y los ingredientes). **Opción 2: Bolitas de matzá** Enseñanza Intencional M24, "Bolitas de matzá"; (Consulte en la tarjeta el equipo, la receta y los ingredientes).	**Opción 1: La hora de comer** Enseñanza Intencional M01, "La hora de comer"; platos de papel o plástico; cubiertos; servilletas de papel; vasos; individuales **Opción 2: Tarjetas de números** Enseñanza Intencional M04, "Tarjetas de números"; conjunto de tarjetas de números con un número y la palabra para el número escritos en un lado de la tarjeta; botones u otros objetos pequeños manipulables	
Mega Minutos 24, "Tintan, tintan"	Mega Minutos 25, "¡Alto!"; música de bailar; tarjetas del alfabeto	

¿De qué están hechos?

Vocabulario

Español: *los sentidos*

Inglés: *senses*

Todo el grupo

Rutina inicial

- Canten una bienvenida y hablen de quiénes están presentes.

Movimiento: Moverse como un globo

- Repase Mega Minutos 39, "Aplanado o inflado", y siga la orientación ofrecida en la tarjeta.

- Anime a los niños a moverse como un globo que está siendo inflado y luego se aleja flotando.

Comentarios y escritura compartida: Explorar pelotas, bolas y balones usando los sentidos

- Reúna varias pelotas, bolas y balones y de distintos materiales, p. ej., de caucho, de plástico y hueca, un balón de cuero o de vinilo, una madeja de lana, una bola de ligas de caucho, una bola de algodón, una pelota de golf, una bola de arcilla o de masa y una pelota de playa.

- Diga, "A veces podemos descubrir algo usando nuestros *sentidos* (el oído, la vista, el gusto, el olfato y el tacto). ¿Qué sentidos podemos usar para descubrir de qué están hechas estas pelotas, bolas y balones? Anime a los niños a incluir en sus respuestas palabras que describen lo que hacemos al usar los sentidos como *oír, oler, probar, tocar* y *mirar*.

- Coloque una pelota a la vez en una bolsa o caja de sorpresas. Permita que cada niño meta la mano en la bolsa y use el sentido del tacto para tratar de describir qué clase de textura siente.

- Saque la pelota y pásela para que todos los niños la toquen. Repita esta experiencia con otras pelotas.

- Escriba las palabras descriptivas usadas por los niños.

Antes de hacer la transición a las áreas de interés, hable de la pregunta del día. Hable de los globos y el papel maché, disponibles en el área del arte, y mencione cómo podrían usarlos para hacer una pelota.

Hora de escoger

Al interactuar con los niños en las áreas de interés, dedique tiempo a:

- Orientarlos mientras usan el papel maché. Diga, "Metan el papel en el pegamento y luego pasen el papel entre dos dedos para quitarle el pegamento que sobre".

- Hacer preguntas de respuesta abierta para animar a los niños a pensar y a responder, p. ej., "¿Cómo sienten el papel maché al tocarlo?"

- Escribir lo que digan y hagan los niños.

Lectura en voz alta

Lea el libro *Llaman a la puerta*.

- **Antes de leer**, diga a los niños el título del libro. Pregunte, "¿De qué creen que se trata este libro?"

- **Mientras lee**, haga pausas después de decir, "llamaron a la puerta" y pida a los niños que predigan lo que ocurrirá después.

- **Después de leer**, haga preguntas de respuesta abierta, p. ej., "¿Por qué piensan que la madre no quería abrir la puerta al final del libro?"

Niños que aprenden una segunda lengua
Al leer la frase "llamaron a la puerta," haga la pantomima de tocar un timbre o el toque de una campanilla. Combinar acciones con palabras ayuda a que todos los niños entiendan el vocabulario y lo aprendan.

Grupos pequeños

Opción 1: Caminar por las letras

- Consulte Enseñanza Intencional LL17, "Caminar por las letras", y siga la orientación ofrecida en la tarjeta.

Opción 2: Frijoles saltarines

- Consulte Enseñanza Intencional LL05, "Frijoles saltarines", y siga la orientación ofrecida en la tarjeta.

- Para obtener más información sobre cómo apoyar el conocimiento de los niños acerca del alfabeto, consulte *El Currículo Creativo para educación preescolar, Volumen 3: Lectoescritura.*

Mega Minutos

- Use Mega Minutos 19, "Veo, veo con mis binóculos". Siga la orientación ofrecida en la tarjeta.

- Use la variación de formas que está en el reverso de la tarjeta.

Reunión final

- Recuerde los eventos del día.

- Anime a los niños que hayan usado papel maché durante la hora de escoger actividades a hablar con el grupo de lo que hayan hecho.

- Pida a los niños que le ayuden a hacer un letrero para el salón invitando a las familias a la celebración para finalizar el estudio.

Día 2 — Investigación 5

¿De qué están hechos?

Vocabulario

Español: *hueca, compacta*

Inglés: *hollow, solid*

Todo el grupo

Rutina inicial

- Canten una bienvenida y hablen de quiénes están presentes.

Canción: "Un elefante se balanceaba"

- Repase Mega Minutos 89, "Un elefante se balanceaba", y siga la orientación ofrecida en la tarjeta.

Comentarios y escritura compartida: ¿Qué creen que tiene adentro una pelota?

- Diga, "Nosotros usamos el sentido del tacto para tocar la parte exterior de una pelota y hablamos de lo que está hecha la parte *exterior*. ¿Qué creen ustedes que tiene *adentro* una pelota?"

- Escriba las respuestas de los niños y las palabras *hueca* y *compacta*. Muestre objetos que permitan a los niños ver un interior vacío y un interior sólido.

- Hable de la pregunta del día.

- Muestre a los niños la colección de pelotas, bolas y balones

- Pida a los niños predecir si cada pelota es hueca o compacta y clasificarlas según esas categorías.

Antes de hacer la transición a las áreas de interés, diga a los niños que podrán comprobar sus predicciones en el área de los descubrimientos ayudándole a usted a cortar pelotas viejas.

Hora de escoger

Al interactuar con los niños en las áreas de interés, dedique tiempo a:

- Ayudar a los niños a abrir pelotas viejas en el área de los descubrimientos.

- Animarlos a clasificarlas según lo que tengan dentro. Sugiérales incluir una categoría de "pelotas que no se pueden abrir". Ayude a los niños a hacer letreros para cada categoría.

- Continuar ayudándoles mientras trabajan con el papel maché en el área del arte.

- Escribir lo que digan y hagan.

Basándose en su conocimiento de los niños de la clase determine cuándo pueden hacer algo por su cuenta sin correr peligro. Si considera que aún no están listos, ayúdeles a hacerlo o pídales que observen mientras usted lo hace. En cualquiera de los casos, asegúrese de ofrecer apoyo y sugerencias verbales.

Lectura en voz alta

Lea el libro *Una canasta de cumpleaños.*

- **Antes de leer**, diga el título del libro y muestre la cubierta. Pregunte, "¿Qué creen que contiene la canasta de cumpleaños de la tía?"

- **Mientras lee**, escriba una lista de los regalos que Cecilia ponga en la canasta.

- **Después de leer**, revise la lista de regalos y pregunte, "¿Por qué cada regalo es especial? ¿Qué pondrían ustedes en una canasta de cumpleaños para su tía?"

Grupos pequeños

Opción 1: Adivinanzas con rimas

- Consulte Enseñanza Intencional LL11, "Adivinanzas con rimas", y siga la orientación ofrecida en la tarjeta usando *pelotas, bolas y balones.*

Opción 3: Nombres que rimen

- Consulte Enseñanza Intencional LL10, "Lista de rimas", y siga la orientación ofrecida en la tarjeta.

- Diga, "¿Cómo sería, si en lugar de *comenzar* con el mismo sonido, el nombre de Sonia Salta *termina* con el mismo sonido?"

- Anime a los niños a decir nuevos nombres que rimen con Daniel Danza y con sus propios nombres.

Mega Minutos

- Use Mega Minutos 38, "Allá en la fuente". Siga la orientación ofrecida en la tarjeta.

Reunión final

- Recuerde los eventos del día.

- Invite a los niños que hayan explorado el interior de pelotas durante la hora de escoger actividades a describir lo que hayan descubierto.

¿De qué están hechos?

Vocabulario

Español: *hueco, compacto*

Inglés: *hollow, solid*

Todo el grupo

Rutina inicial

- Canten una bienvenida y hablen de quiénes están presentes.

Juego: ¡Mi nombre también!

- Repase Mega Minutos 35, "¡Mi nombre también!", y siga la orientación ofrecida en la tarjeta.

Comentarios y escritura compartida: Hueco y compacto

- Repasen lo que hayan escrito el día anterior acerca de las pelotas *huecas* y *compactas*. Pregunte, "¿Por qué creen que unas pelotas son huecas y otras son compactas? Si una pelota hueca fuera compacta, ¿Se movería de la misma manera?"

- Muestre una pelota de playa inflada y una pelota de playa llena de arena. (Use un embudo para llenarla con arena.) Pregunte, "¿En qué se parecen estas pelotas? ¿En qué se diferencian?"

- Forme parejas de niños para que hagan rodar, pateen, hagan rebotar y lancen pelotas huecas y compactas. Anímeles a notar las diferencias entre esas experiencias.

- Haga comentarios y escriba lo que hayan descubierto los niños.

- Hable de la pregunta del día. Pregunte, "¿Qué hay dentro de una burbuja?"

Antes de hacer la transición a las áreas de interés, diga a los niños que podrán continuar ayudándole a cortar pelotas viejas en el área de descubrimientos para ver qué tienen adentro.

Hora de escoger

Al interactuar con los niños en las áreas de interés, dedique tiempo a:

- Ayudarlos a abrir pelotas en el área de descubrimientos.

- Animarlos a clasificarlas en las categorías usadas el día anterior y a contar el número de pelotas en cada categoría. Pregunte, "¿Qué grupo tiene más pelotas? ¿Qué grupo tiene menos?"

- Continuar ayudando a los niños mientras trabajan con el papel maché en el área del arte.

- Escribir lo que digan y hagan los niños.

Lectura en voz alta

Lea el libro *Llaman a la puerta.*

- **Antes de leer**, pregunte, "¿Quién recuerda de qué se trata este libro?"

- **Mientras lee**, haga pausas para permitir que los niños completen las frases repetidas y predecibles.

- **Después de leer**, pídales que piensen en una ocasión en la que hayan compartido algo. Invítelos a comentar con el grupo sus experiencias.

Grupos pequeños

Opción 1: ¿Qué ocurrió después?

- Consulte Enseñanza Intencional LL01, "Escritura compartida", y siga la orientación ofrecida en la tarjeta.

- Pida a los niños que recuerden el final del libro *Llaman a la puerta*.

- Pregunte, "¿Quién creen que estaba allí?"

Opción 2: Continuar el cuento

- Consulte Enseñanza Intencional LL04, "Hacer libros", y siga la orientación ofrecida en la tarjeta.

- Pida a los niños que recuerden el final del libro *Llaman a la puerta*.

- Pregunte, "¿Quién creen que estaba allí?"

Mega Minutos

- Use Mega Minutos 41, "La pelota imaginaria". Siga la orientación ofrecida en la tarjeta.

- Haga la variación de números que está en el reverso de la tarjeta.

Reunión final

- Recuerde los eventos del día.

- Invite a los niños que hayan clasificado pelotas en el área de descubrimientos a hablar de la cantidad en cada categoría. Pregunte, "¿Qué categoría tenía la mayor cantidad de pelotas? ¿Qué tenía la menor cantidad?"

¿De qué están hechos?

Vocabulario

Español: *escultura*

Inglés: *sculpture*

Todo el grupo

Rutina inicial

- Canten una bienvenida y hablen de quiénes están presentes.

Canción: "Un elefante se balanceaba"

- Repase Mega Minutos 89, "Un elefante se balanceaba". Siga la orientación ofrecida en la tarjeta, tocando música rápida y música lenta.

> Usted puede usar música grabada o tocar su propia música rápida y lenta en una guitarra, un tambor, un teclado musical o una pandereta.

Comentarios y escritura compartida: Alimentos esféricos

- Repase la pregunta del día.

- Pregunte, "¿En qué otros alimentos pueden pensar que tengan forma esférica?"

- Escriba las respuestas de los niños.

- Repase Mega Minutos 43, "Rebota, pelota". Siga la orientación ofrecida en la tarjeta y cree versos sobre alimentos con forma de esfera.

Antes de hacer la transición a las áreas de interés, hable de los materiales disponibles en el área de los descubrimientos que podrían usar para hacer *esculturas* esféricas. Diga que podrán usar sus bolas de papel maché y otras clases de esferas y círculos recolectados durante el estudio. Además, muestre a los niños las bolas desinfladas y los infladores, disponibles en el área de descubrimientos, y mencione cómo podrían usarlos.

> Las bolas de papel maché deben estar completamente secas antes de pintarlas y aplicarles pegamento. Para agilizar el proceso, usted podría usar un secador de cabello.

Hora de escoger

Al interactuar con los niños en las áreas de interés, dedique tiempo a:

- Hacerles preguntas acerca de sus obras de arte y el proceso de escultura. "¿Qué me pueden decir de su escultura? ¿Qué van a agregarle después?"

- Observarlos mientras trabajan con los infladores y las pelotas desinfladas en el área de descubrimientos. Indíqueles que inflar una pelota es mucho más fácil si se trabaja cooperadamente, p. ej., alguien sostiene la pelota mientras otro la infla.

- Escribir lo que digan y hagan los niños.

Niños que aprenden una segunda lengua
Esta actividad de inflar pelotas ofrece una excelente oportunidad para que los niños que están aprendiendo una nueva lengua y quienes lo hablan la lengua trabajen juntos ya que no requiere destrezas verbales.

Lectura en voz alta

Lea el libro *Pelotas, bolas y balones*.

- **Antes de leer**, pregunte, "¿Quién recuerda de qué se trata este libro?"

- **Mientras lee**, anime a los niños a decir lo que ahora saben acerca de los conceptos mencionados en el libro.

- **Después de leer**, proporcione papel y marcadores para que puedan hacer una nueva página para el libro. Anímelos a representar algo que hayan aprendido durante el estudio de las pelotas, bolas y balones. Diga a los niños que el libro estará disponible en la computadora.

Grupos pequeños

Opción 1: Hacer plastilina

- Consulte Enseñanza Intencional M15, "Hacer plastilina", y siga la orientación ofrecida en la tarjeta.

- Anime a los niños a usar la plastilina para hacer bolas de distintos tamaños. Haga comentarios que los anime a compararlas, p. ej. "Me pregunto cómo podría ordenarlas. ¿Qué bola creen que es la más pesada?".

Opción 2: Bolitas de matzá

- Consulte Enseñanza Intencional M24, "Bolitas de matzá", y siga la orientación ofrecida en la tarjeta.

Mega Minutos

- Use Mega Minutos 24, "Tintan, tintan". Siga la orientación ofrecida en la tarjeta.

Reunión final

- Recuerde los eventos del día.

- Invite a los niños que hayan hecho esculturas esféricas durante la hora de escoger actividades a que muestren y hablen de sus obras.

Investigación 5

¿De qué están hechos?

Vocabulario

Español: *esfera, círculo*

Inglés: *sphere, circle*

Todo el grupo

Rutina inicial

- Canten una bienvenida y hablen de quiénes están presentes.

Juego: Veo, veo…

- Repase Mega Minutos 19, "Veo, veo con mis binóculos".

- Haga la variación de formas que está en el reverso usando *círculos* y *esferas*.

Comentarios y escritura compartida: Búsqueda de respuestas

- Hable de la pregunta del día.

- Recuerde a los niños la experiencia cuando clasificaron pelotas en la categoría de "las que no se pueden abrir".

- Muéstreles una canica o una bola de bolos (u otras pelotas que no se pueden abrir). Diga, "No pudimos averiguar qué tienen dentro estas pelotas porque no pudimos abrirlas".

- Pregunte, "Si queremos averiguar algo que no sabemos, ¿cómo podemos hacerlo?" Escriba las respuestas ofrecidas.

- Revise las preguntas que los niños hayan hecho durante el estudio acerca de las pelotas, bolas y balones. Indique cuáles no han sido respondidas aún.

Antes de hacer la transición a las áreas de interés, diga que podrán usar las computadoras para averiguar algunas de las respuestas a sus preguntas que no han podido aún contestar y mencione que los materiales para hacer esculturas siguen disponibles en el área del arte para que los usen.

Hora de escoger

Al interactuar con los niños en las áreas de interés, dedique tiempo a:

- Orientar la exploración en Internet para encontrar respuestas a sus preguntas.

- Continuar ayudándoles mientras trabajan con el papel maché en el área del arte.

- Escribir lo que digan y hagan.

Consulte Enseñanza Intencional LL26, "Búsqueda en Internet" para obtener más información.

Lectura en voz alta

Lea el libro *Llaman a la puerta.*

- **Antes de leer**, pregunte, "¿Cuál es el nombre de este libro?"

- **Mientras lee**, haga pausas de vez en cuando y anime a los niños a relatar de nuevo la historia.

- **Después de leer**, muéstreles un grupo de 12 fichas o de otros objetos pequeños manipulables. Dígales que van a recrear el cuento y que los objetos manipulables serán galletas. Anime a los niños a relatar de nuevo el cuento y a dramatizar las acciones de Victoria, Santiago y los visitantes. Pida a los niños que le ayuden a dividir los objetos manipulables entre los personajes a medida que se desarrolle el cuento.

Niños que aprenden una segunda lengua
Los libros predecibles con textos sencillos y mucha repetición son especialmente efectivos para ayudar a que los niños aumenten su vocabulario y compendan mejor la lengua.

Grupos pequeños

Opción 1: La hora de comer

- Consulte Enseñanza Intencional M01, "La hora de comer", y siga la orientación ofrecida en la tarjeta.

Opción 2: Tarjetas números

- Consulte Enseñanza Intencional M04, "Tarjetas de números", y siga la orientación ofrecida en la tarjeta.

Para obtener más información sobre cómo apoyar que los niños usen conceptos y operaciones matemáticas, consulte *El Currículo Creativo para educación preescolar, Volumen 4: Matemáticas*.

Mega Minutos

- Use Mega Minutos 25, "¡Alto!".

- Use la variación de letras que está en el reverso de la tarjeta.

Reunión final

- Recuerde los eventos del día.

- Anime a los niños que hayan investigado en Internet respuestas a sus preguntas acerca de las pelotas, bolas y balones, a que hablen con el grupo de lo que hayan aprendido.

Preguntas adicionales para investigar

Si los niños aún expresan interés en este estudio y desean averiguar más, usted podría investigar preguntas adicionales como las siguientes:

- "¿Qué pelotas podemos lanzar, patear o hacer rodar más lejos?"

- "¿Qué ocurre si colocamos una pelota en el congelador? ¿Rebotará más alto?"

- "¿Cómo hacen los jugadores de baloncesto para hacer girar los balones en la punta de sus dedos?"

- "¿Con qué clase de pelotas les gusta jugar a las distintas mascotas?"

- "¿Qué clase de juegos con pelotas juegan los niños en otras comunidades?"

- "¿Las pelotas, bolas y balones se pueden usar como decoración?"

> **¿Hay preguntas adicionales que le servirían para ampliar este estudio?**

Nuestra investigación

Nuestra investigación

	Día 1	Día 2	Día 3
Áreas de interés			
Pregunta del día			
Todo el grupo			
Lectura en voz alta			
Grupos pequeños			
Mega Minutos			

Día 4	Día 5	Dedique tiempo para…
		Experiencias al aire libre
		Ejercicio divertido
		Colaboración con las familias
		Experiencias sorprendentes

Nuestra investigación

Vocabulario

Español:

Inglés:

Todo el grupo

Hora de
escoger

Lectura en voz alta

Grupos pequeños

Mega Minutos

Reunión final

Celebración de lo aprendido

Finalización del estudio

Cuando termine el estudio —cuando se haya respondido a la mayoría de las preguntas de los niños— será importante hacer tiempo para reflexionar y celebrar. Planee una manera especial de celebrar lo que hayan aprendido y logrado. Permita que los niños asuman tanta responsabilidad como puedan para planear las actividades. A continuación se ofrecen unas cuantas sugerencias:

- Designe lugares para que los niños muestren a los visitantes cómo investigaron las pelotas, bolas y balones.

- Organice "juegos olímpicos" en los cuales los niños puedan jugar a varios juegos con pelotas.

- Pídales a los niños que organicen una comida en la que usen varios alimentos en formas de pelotas, bolas o balones, como naranjas, bolas de queso, bolas de fruta, aceitunas, albóndigas y bolitas de matzá. Invite a los parientes a participar.

- Invite a las familias a un picnic informal en el cual se ofrezcan alimentos en formas de pelotas, bolas o balones y se realicen juegos con pelotas.

- Inventen un nuevo juego con pelota y enséñenlo a los niños de otro grupo.

- Hagan un libro de la clase, un álbum, un panel o una presentación acerca del estudio de pelotas, bolas y balones.

- Grabe un video de los niños demostrando lo aprendido y entrevistándose entre sí acerca de las pelotas, bolas y balones. Muestre el video a las familias de los niños.

Celebración de lo aprendido

	Día 1	Día 2
Áreas de interés	**Todas:** Designe estaciones para compartir lo aprendido durante el estudio de las pelotas, bolas y balones **Computadoras:** la versión electrónica de *La gallinita roja*	**Todas:** Designe estaciones para compartir lo aprendido durante el estudio de las pelotas, bolas y balones **Computadoras:** la versión electrónica de *Pelota, pelota*
Pregunta del día	¿Qué desean mostrar a nuestros invitados acerca del estudio mañana durante la celebración?	¿Qué es lo que más les gustó del estudio de las pelotas, bolas y balones?
Todo el grupo	**Movimiento:** La pelota imaginaria **Comentarios y escritura compartida:** Prepararse para la celebración **Materiales:** Mega Minutos 41, "La pelota imaginaria"; tarjetas de números	**Poema:** "Ven a jugar" **Comentarios y escritura compartida:** Compartir distintos alimentos **Materiales:** Mega Minutos 42, "Ven a jugar"; alimentos en formas de pelotas, bolas o balones
Lectura en voz alta	*La gallinita roja* marcadores; un pliego de papel grande	*Pelota, pelota*
Grupos pequeños	**Opción 1: Muéstrame cinco objetos** Enseñanza Intencional M16, "Muéstrame cinco objetos"; colección de canicas, botones, semillas, etc. **Opción 2: Contar con rimas** Enseñanza Intencional M13, "Contar con rimas"; bolas de algodón; papel de construcción verde; tarjetas de números	**Opción 1: Contar de nuevo la colección de pelotas** Enseñanza Intencional M06, "Llevar la cuenta"; tablilla sujetapapeles; papel; lápices o crayones **Opción 2: Hacer una votación** Enseñanza Intencional M06, "Llevar la cuenta"; tablilla sujetapapeles; papel; lápices o crayones
Mega Minutos	Mega Minutos 24, "Tintan, tintan"	Mega Minutos 30, "Bailemos juntos"

Experiencias al aire libre

Ejercicio divertido

* Use Enseñanza Intencional P04, "Patear algo
  hacia arriba", y siga la orientación ofrecida en
  la tarjeta.

Colaboración con las familias

* Incluya a las familias en la celebración.
* Sugiera a las familias que busquen las versiones
  electrónicas de *La gallinita roja* y *Pelota, pelota.*

Experiencias sorprendentes

* Día 2: Celebración del estudio de pelotas,
  bolas y balones

Celebración de lo aprendido

Planifiquemos nuestra celebración

Vocabulario

Español: *poema*

Inglés: *poem*

Todo el grupo

Rutina inicial

- Canten una bienvenida y hablen de quiénes están presentes.

Movimiento: La pelota imaginaria

- Repase Mega Minutos 41, "La pelota imaginaria". Siga la orientación ofrecida en la tarjeta.

Comentarios y escritura compartida: Prepararse para la celebración

- Hable de la celebración del día siguiente.

- Recuerde a los niños la pregunta del día.

- Pregúnteles qué desean mostrar a sus familias e invitados acerca de lo aprendido durante el estudio. Escriba una lista de sus respuestas.

Antes de hacer la transición a las áreas de interés, dígales que usted les ayudará a reunir lo que anotaron en la lista para poder exhibirlo para sus familias y amigos en la celebración al día siguiente.

Hora de escoger

Al interactuar con los niños en las áreas de interés, dedique tiempo a:

- Ayudarles a reunir lo que deseen mostrar en la celebración.

Lectura en voz alta

Lea el libro *La gallinita roja.*

- **Antes de leer**, pregunte, "¿Qué ocurre en este cuento?"

- **Mientras lee**, haga pausas para animar a los niños a relatar de nuevo los eventos de del cuento. Pregunte, "¿Qué hizo después la gallinita roja?"

- **Después de leer**, indique qué líneas de texto de varias páginas están repetidas al final en forma de *poema*. Escriba el poema en un pliego de papel grande. Léalo de nuevo y anime a los niños a notar qué palabras riman. Subraye las palabras. Léalo de nuevo y haga pausas para que los niños digan las palabras que riman. Diga a los niños que la versión electrónica estará disponible en la computadora.

Grupos pequeños

Opción 1: Muéstrame cinco objetos

- Consulte Enseñanza Intencional M16, "Muéstrame cinco objetos", y siga la orientación ofrecida en la tarjeta.

Opción 2: Contar con rimas

- Consulte Enseñanza Intencional M13, "Contar con rimas", y siga la orientación ofrecida en la tarjeta.

Mega Minutos

- Use Mega Minutos 24, "Tintan, tintan".

- Siga la orientación ofrecida en la tarjeta.

Reunión final

- Recuerde los eventos del día.

- Recuerde a los niños que al día siguiente tendrán una celebración especial.

Para obtener más información sobre cómo finalizar el estudio, consulte *El Currículo Creativo para educación preescolar, Volumen 1: Fundamentos, capítulo 3.*

Celebración de lo aprendido

¡A celebrar!

Vocabulario

Español: *llevar la cuenta*

Inglés: *tally*

Todo el grupo

Rutina inicial

- Canten una bienvenida y hablen de quiénes están presentes.

Poema: "Ven a jugar"

- Repase Mega Minutos 42, "Ven a jugar". Siga la orientación ofrecida en la tarjeta.

Comentarios y escritura compartida: Compartir distintos alimentos

- Invite a los parientes que hayan traído alimentos en formas de pelotas, bolas o balones a que los describan.

- Escriba los nombres de los alimentos

- Repase la pregunta del día.

Antes de hacer la transición a las áreas de interés, hable de las exhibiciones de lo que han aprendido los niños, organizadas por el salón, y mencione los juegos con pelotas que podrán jugar al aire libre.

Hora de escoger

Al interactuar con los niños en las áreas de interés, dedique tiempo a:

- Anime a los niños a explicarles a los visitantes lo que han aprendido acerca de las pelotas, bolas y balones. Para recordarlo, pueden usar las exhibiciones.

Lectura en voz alta

Lea el libro *Pelota, pelota*

- **Antes de leer**, pregunte, "¿Quién recuerda el nombre de este libro?"
- **Mientras lee**, haga pausas y permita que los niños digan las palabras que riman.

- **Después de leer**, anime a los niños a relacionar las pelotas y los juegos mencionados en el libro con las experiencias que hayan tenido durante el estudio de las pelotas, bolas y balones. Diga a los niños que el libro estará disponible en la computadora.

Grupos pequeños

Opción 1: Contar de nuevo la colección de pelotas

- Consulte Enseñanza Intencional M06, "Llevar la cuenta".
- Siga la orientación ofrecida en la tarjeta para contar la colección de pelotas, bolas y balones.

Opción 2: Hacer una votación

- Oriente a los niños para hacer una lista de los principales eventos ocurridos durante el estudio, p. ej., jugar con pelotas, bolas y balones al aire libre, visitar una tienda, la visita de una mascota que juega con pelotas.
- Consulte Enseñanza Intencional M06, "Llevar la cuenta".
- Siga la orientación ofrecida en la tarjeta. Pida a los niños que se entrevisten unos a otros y anoten los votos de lo que les haya gustado más del estudio.

Mega Minutos

- Use Mega Minutos 30, "¡Bailemos juntos!" Siga la orientación ofrecida en la tarjeta.

Reunión final

- Recuerde los eventos del día.
- Hable de cuánto aprendieron los niños durante el estudio repasando brevemente las preguntas de investigación exhibidas.

Para reflexionar acerca del estudio

¿Qué partes del estudio fueron las que más despertaron y mantuvieron el interés de los niños?

¿Hay otros temas que valga la pena investigar?

Si pudiera cambiar algo del estudio, cambiaría:

Otras ideas o sugerencias que tengo:

Recursos

Información para los maestros

Entre otros fenómenos las ciencias físicas estudian la energía, la fuerza y la manera en que se mueven los objetos. Debido a que las pelotas rebotan, giran y ruedan en todas las direcciones y que, además, almacenan y transfieren energía, explorar las pelotas, bolas y balones es una manera de aprender conceptos de las ciencias físicas. Una bola es una *esfera*, lo que significa que desde cualquier ángulo se ve como un círculo.

Masa es la cantidad de materia de un objeto. Por ejemplo, un pedazo de papel de aluminio tiene la misma masa ya sea una lámina plana o esté enrollado y hecho en una bola.

Impulso o momentum es la fuerza de movimiento de un objeto. La cantidad de fuerza depende de la masa de la pelota y la velocidad. Una bola tiene más impulso o momentum cuanto más rápido sea lanzada. Una bola con más masa también tiene más impulso que una bola con menos masa que rueda a la misma velocidad.

Gravedad es la fuerza natural que atrae todas las cosas sobre la superficie de un cuerpo celeste, como la Tierra, hacia su centro. Por eso, una pelota cae al suelo al soltarla.

Galileo fue la primera persona en demostrar que los objetos caen con el mismo promedio de velocidad, sin que importe su tamaño. Se dice que él dejó caer dos objetos con distinta masa desde la Torre de Pisa en Italia y ambos cayeron al suelo al mismo tiempo.

La velocidad de los objetos livianos que caen, como las plumas o las pelotas de ping-pong, es reducida por la resistencia del aire y por lo tanto no caen a la misma velocidad que los objetos más pesados.

El peso de un objeto es la fuerza de gravedad que atrae a un objeto. Varía según la masa del objeto y la fuerza de la gravedad.

Energía es la capacidad de hacer trabajo o de mover un objeto. Una bola en movimiento tiene energía cinética. Para que se mueva, a una bola se le debe aplicar fuerza, por ejemplo, para lanzarla, empujarla o soltarla.

Fricción es una fuerza que se opone al movimiento cuando dos objetos entran en contacto uno con otro, por ejemplo, al rozarse o tocarse. El movimiento de una bola es reducido por la fricción cuando la bola entra en contacto con algo más, por ejemplo, el pasto, la arena, el agua o el aire.

Cuando se lanza una pelota, hay varias fuerzas presentes en dicha acción. La pelota es lanzada hacia arriba por la fuerza del lanzamiento, jalada hacia abajo por la fuerza de gravedad y desacelerada por la resistencia del aire.

Una bola rebota cuando se le deja caer sobre una superficie dura. Sin embargo, no rebotará hasta su posición inicial porque la fricción la frena.

Vocabulario: *masa, impulso o momentum, gravedad, peso, energía, fricción, velocidad.*

¿Qué desea investigar como ayuda para entender este tema?

Libros de literatura infantil

Además de los libros para niños usados específicamente en esta *Guía de enseñanza*, quizás quiera complementar las actividades diarias y las áreas de interés con algunos de los libros para niños de la lista.

¡A rebotar! (Doreen Cronin)

Agustin juega a la pelota (Edith Mabel Russo)

El autobús mágico juega a la pelota: Un libro sobre fuerzas (Nancy Jrulik y Joanna Cole)

La bola de nieve (Tika Downey)

Cuenta con el béisbol (Barbara Barbieri McGrath)

Un día de nieve (Ezra Jack Keats)

Dora para la pelota (Aurora Colón García)

Froggy juega al fútbol (Jonathan London)

Grande o pequeña, es mi pelota (Emma Dodd)

Juegos (Nuestra Comunidad Global) (Lisa Easterling)

The Lost Ball/La pelota perdida (Lynn Reiser)

Oso y pelota (Cliff Wright)

La pelota (Lluís Solé Serra)

¡Rueda, rueda, pelota! (Jimena Cruz)

Trae la pelota, Tito (Marcia Leonard)

Una pelota en la laguna (Marcos Carvalho)

Recursos para los maestros

Los recursos para el maestro le proporcionan información e ideas adicionales para mejorar y ampliar el tema de estudio.

El autobús mágico juega a la pelota: Un libro sobre fuerzas (Joanna Cole)

Cómo se mueven las cosas (Robin Nelson)

La enciclopedia del fútbol (Clive Gifford)

Los hermosos juegos (Luis Hernán Rodríguez Felder)

Juegos y juguetes mexicanos (Luis González y González)

Plan semanal

Semana: _______________________ Maestro(a): _______________________ Estudio: _______________________

	lunes	martes	miércoles	jueves	viernes
Áreas de interés					
Todo el grupo					
Lectura en voz alta					
Grupos pequeños					

Experiencias al aire libre:

Colaboración con las familias:

Experiencias sorprendentes:

Plan semanal, continuación

Cosas para hacer:

Reflexionar sobre la semana:

Planeación individual para el niño